心一堂術數古籍珍本叢刊

書名：《八風考略》《九宮撰略》《九宮考辨》合刊
系列：心一堂術數古籍珍本叢刊　第二輯　理數類
作者：沈瓞民撰
主編、責任編輯：陳劍聰
心一堂術數古籍珍本叢刊編校小組：陳劍聰　素聞　梁松盛　鄒偉才　虛白盧主

出版：心一堂有限公司
地址／門市：香港九龍旺角西洋菜南街五號好望角大廈一○○三室
電話號碼：+852-6715-0840　+852-6633-7949
網址：sunyata.cc
publish.sunyata.cc
電郵：sunyatabook@gmail.com
網上書店：http://book.sunyata.cc
網上論壇：http://bbs.sunyata.cc/

版次：二零一七年七月初版
平裝

國際書號：ISBN 978-988-8317-59-2

定價：　港幣　　一百八十元正
　　　　新台幣　六百九十八元正

香港及海外發行：香港聯合書刊物流有限公司
地址：香港新界大埔汀麗路三十六號中華商務印刷大廈三樓
電話號碼：+852-2150-2100
傳真號碼：+852-2407-3062
電郵：info@suplogistics.com.hk

台灣發行：秀威資訊科技股份有限公司
地址：台灣台北市內湖區瑞光路七十六巷六十五號一樓
電話號碼：+886-2-2796-3638
傳真號碼：+886-2-2796-1377
網絡書店：www.bodbooks.com.tw
台灣讀者服務中心：國家書店
地址：台灣台北市中山區松江路二○九號一樓
電話號碼：+886-2-2518-0207
傳真號碼：+886-2-2518-0778
網絡書店：http://www.govbooks.com.tw/

中國大陸發行・零售：心一堂書店
深圳地址：中國深圳羅湖立新路六號東門博雅負一層零零八號
電話號碼：+86-755-8222-4934
北京地址：中國北京東城區雍和宮大街四十號
心一店淘寶網：http://sunyatacc.taobao.com

心一堂術數古籍 珍本 叢刊 整理 總序

術數定義

術數，大概可謂以「推算（推演）、預測人（個人、群體、國家等）、事、物、自然現象、時間、空間方位等規律及氣數，並或通過種種『方術』，從而達致趨吉避凶或某種特定目的」之知識體系和方法。

術數類別

我國術數的內容類別，歷代不盡相同，例如《漢書・藝文志》中載，漢代術數有六類：天文、曆譜、五行、蓍龜、雜占、形法。至清代《四庫全書》，術數類則有：數學、占候、相宅相墓、占卜、命書、相書、陰陽五行、雜技術等，其他如《後漢書・方術部》、《藝文類聚・方術部》、《太平御覽・方術部》等，對於術數的分類，皆有差異。古代多把天文、曆譜、及部分數學均歸入術數類，而民間流行亦視傳統醫學作為術數的一環；此外，有些術數與宗教中的方術亦往往難以分開。現代民間則常將各種術數歸納為五大類別：命、卜、相、醫、山，通稱「五術」。

本叢刊在《四庫全書》的分類基礎上，將術數分為九大類別：占筮、星命、相術、堪輿、選擇、三式、讖諱、理數（陰陽五行）、雜術（其他）。而未收天文、曆譜、算術、宗教方術、醫學。

術數思想與發展——從術到學，乃至合道

我國術數是由上古的占星、卜筮、形法等術發展下來的。其中卜筮之術，是歷經夏商周三代而通過「龜卜、蓍筮」得出卜（筮）辭的一種預測（吉凶成敗）術，之後歸納並結集成書，此即現傳之《易

經》。經過春秋戰國至秦漢之際，受到當時諸子百家的影響、儒家的推崇，遂有《易傳》等的出現，原本是卜筮術書的《易經》，被提升及解讀成有包涵「天地之道（理）」之學。因此，《易·繫辭傳》曰：「易與天地準，故能彌綸天地之道。」

漢代以後，易學中的陰陽學說，與五行、九宮、干支、氣運、災變、律曆、卦氣、讖緯、天人感應說等相結合，形成易學中象數系統。而其他原與《易經》本來沒有關係的術數，如占星、形法、選擇，亦漸漸以易理（象數學說）為依歸。《四庫全書·易類小序》云：「術數之興，多在秦漢以後。要其旨，不出乎陰陽五行，生尅制化。實皆《易》之支派，傅以雜說耳。」至此，術數可謂已由「術」發展成「學」。

及至宋代，術數理論與理學中的河圖洛書、太極圖、邵雍先天之學及皇極經世等學說給合，通過術數以演繹理學中「天地中有一太極，萬物中各有一太極」（《朱子語類》）的思想。術數理論不單已發展至十分成熟，而且也從其學理中衍生一些新的方法或理論，如《梅花易數》、《河洛理數》等。

在傳統上，術數功能往往不止於僅僅作為趨吉避凶的方術，及「能彌綸天地之道」的學問，亦有其「修心養性」的功能，「與道合一」（修道）的內涵。《素問·上古天真論》：「上古之人，其知道者，法於陰陽，和於術數。」數之意義，不單是外在的算數、歷數、氣數，而是與理學中同等的「道」、「理」--心性的功能，北宋理氣家邵雍對此多有發揮：「聖人之心，是亦數也」、「萬化萬事生乎心」。《觀物外篇》：「先天之學，心法也。……蓋天地萬物之理，盡在其中矣，心一而不分，則能應萬物。」反過來說，宋代的術數理論，受到當時理學、佛道及宋易影響，認為心性本質上是等同天地之太極。天地萬物氣數規律，能通過內觀自心而有所感知，即是內心也已具備有術數的推演及預測、感知能力；相傳是邵雍所創之《梅花易數》，便是在這樣的背景下誕生。

《易·文言傳》已有「積善之家，必有餘慶；積不善之家，必有餘殃」之說，至漢代流行的災變說及讖緯說，我國數千年來都認為天災，異常天象（自然現象），皆與一國或一地的施政者失德有關；下

至家族、個人之盛衰，也都與一族一人之德行修養有關。因此，我國術數中除了吉凶盛衰理數之外，人心的德行修養，也是趨吉避凶的一個關鍵因素。

術數與宗教、修道

在這種思想之下，我國術數不單只是附屬於巫術或宗教行為的方術，又往往是一種宗教的修煉手段──通過術數，以知陰陽，乃至合陰陽（道）。「其知道者，法於陰陽，和於術數。」例如，「奇門遁甲」術中，即分為「術奇門」與「法奇門」兩大類。「法奇門」中有大量道教中符籙、手印、存想、內煉的內容，是道教內丹外法的一種重要外法修煉體系。甚至在雷法一系的修煉上，亦大量應用了術數內容。此外，相術、堪輿術中也有修煉望氣（氣的形狀、顏色）的方法；堪輿家除了選擇陰陽宅之吉凶外，也有道教中選擇適合修道環境（法、財、侶、地中的地）的方法，以至通過堪輿術觀察天地山川陰陽之氣，亦成為領悟陰陽金丹大道的一途。

易學體系以外的術數與的少數民族的術數

我國術數中，也有不用或不全用易理作為其理論依據的，如揚雄的《太玄》、司馬光的《潛虛》。也有一些占卜法、雜術不屬於《易經》系統，不過對後世影響較少而已。

外來宗教及少數民族中也有不少雖受漢文化影響（如陰陽、五行、二十八宿等學說。）但仍自成系統的術數，如古代的西夏、突厥、吐魯番等占卜及星占術，藏族中有多種藏傳佛教占卜術、苯教占卜術；北方少數民族有薩滿教占卜術；不少少數民族如水族、白族、布朗族、佤族、彝族、苗族等，皆有占雞（卦）草卜、雞蛋卜等術，納西族的占星術、占卜術，彝族畢摩的推命術、占卜術……等等，都是屬於《易經》體系以外的術數。相對上，外國傳入的術數以及其理論，對我國術數影響更大。

曆法、推步術與外來術數的影響

我國的術數與曆法的關係非常緊密。早期的術數中，很多是利用星宿或星宿組合的位置（如某星在某州或某宮某度）付予某種吉凶意義，并據之以推演，例如歲星（木星）、月將（某月太陽所躔之宮次）等。不過，由於不同的古代曆法推步的誤差及歲差的問題，若干年後，其術數所用之星辰的位置，已與真實星辰的位置不一樣了；此如歲星（木星），早期的曆法及術數以十二年為一周期（以應地支），與木星真實週期十一點八六年，每幾十年便錯一宮。後來術家又設一「太歲」的假想星體來解決，是歲星運行的相反，準確地把歲星縮紀之次而稱作「登明亥將」，至宋代，因歲差的關係，要到雨水節氣後太陽才躔娵訾之次，當時沈括提出了修正，但明清時六壬術中「月將」仍然沿用宋代沈括修正的起法沒有再修正。

由於以真實星象周期的推步術是非常繁複，而且古代星象推步術本身亦有不少誤差，大多數術數除依曆書保留了太陽（節氣）、太陰（月相）的簡單宮次計算外，漸漸形成根據干支、日月等的各自起例，以起出其他具有不同含義的眾多假想星象及神煞系統。唐宋以後，我國絕大部分術數都主要沿用這一系統，也出現了不少完全脫離真實星象的術數，如《子平術》、《紫微斗數》、《鐵版神數》等。後來就連一些利用真實星辰位置的術數，如《七政四餘術》及選擇法中的《天星選擇》，也已與假想星象及神煞混合而使用了。

隨着古代外國曆（推步）、術數的傳入，如唐代傳入的印度曆法及術數，元代傳入的回回曆等，其中我國占星術便吸收了印度占星術中羅睺星、計都星等而形成四餘星，又通過阿拉伯占星術而吸收了其中來自希臘、巴比倫占星術的黃道十二宮、四大（四元素）學說（地、水、火、風），並與我國傳統的二十八宿、五行說、神煞系統並存而形成《七政四餘術》。此外，一些術數中的北斗星名，不用我國傳統的星名：天樞、天璇、天璣、天權、玉衡、開陽、搖光，而是使用來自印度梵文所譯的：貪狼、巨

門、祿存、文曲、廉貞、武曲、破軍等，此明顯是受到唐代從印度傳入的曆法及占星術所影響。如星命術中的《紫微斗數》及堪輿術中的《撼龍經》等文獻中，其星皆用印度譯名。及至清初《時憲曆》，置閏之法則改用西法「定氣」。清代以後的術數，又作過不少的調整。

此外，我國相術中的面相術、手相術，唐宋之際受印度相術影響頗大，至民國初年，又通過翻譯歐西、日本的相術書籍而大量吸收歐西相術的內容，形成了現代我國坊間流行的新式相術。

陰陽學——術數在古代、官方管理及外國的影響

術數在古代社會中一直扮演着一個非常重要的角色，影響層面不單只是某一階層、某一職業、某一年齡的人，而是上自帝王，下至普通百姓，從出生到死亡，不論是生活上的小事如洗髮、出行等，大事如建房、入伙、出兵等，從個人、家族以至國家，從天文、氣象、地理到人事、軍事，從民俗、學術到宗教，都離不開術數的應用。我國最晚在唐代開始，已把以上術數之學，稱作陰陽（學），行術數者稱陰陽人。（敦煌文書、斯四三二七唐《師師漫語話》：「以下說陰陽人謾語話」，此說法後來傳入日本，今日本人稱行術數者為「陰陽師」）。一直到了清末，欽天監中負責陰陽術數的官員中，以及民間術數之士，仍名陰陽生。

古代政府的中欽天監（司天監），除了負責天文、曆法、輿地之外，亦精通其他如星占、選擇、堪輿等術數，除在皇室人員及朝庭中應用外，也定期頒行日書、修定術數，使民間對於天文、日曆用事吉凶及使用其他術數時，有所依從。

我國古代政府對官方及民間陰陽學及陰陽官員，從其內容、人員的選拔、培訓、認證、考核、律法監管等，都有制度。至明清兩代，其制度更為完善、嚴格。

宋代官學之中，課程中已有陰陽學及其考試的內容。（宋徽宗崇寧三年〔一一零四年〕崇寧算學令：「諸學生習……並曆算、三式、天文書。」「諸試……三式即射覆及預占三日陰陽風雨。天文即預

定一月或一季分野災祥,並以依經備草合問為通。」

金代司天臺,從民間「草澤人」(即民間習術數人士)考試選拔:「其試之制,以《宣明曆》試推步,及《婚書》、《地理新書》試合婚、安葬,並《易》筮法、六壬課、三命、五星之術。」(《金史》卷五十一・志第三十二・選舉一)

元代為進一步加強官方陰陽學對民間的影響、管理、控制及培育,除沿襲宋代、金代在司天監掌管陰陽學及中央的官學陰陽學課程之外,更在地方上增設諸路陰陽學。」)地方上也設陰陽學教授員,培育及管轄地方陰陽人。(《元史・選舉志一》):「世祖至元二十八年夏六月始置諸路陰陽學。」)(《元史・選舉志一》:「(元仁宗)延祐初,令陰陽人依儒醫例,於路、府、州設教授員,凡陰陽人皆管轄之,而上屬於太史焉。」)自此,民間的陰陽術士(陰陽人)被納入官方的管轄之下。

至明清兩代,陰陽學制度更為完善。中央欽天監掌管陰陽學,明代地方縣設陰陽學正術,各州設陰陽學典術,各縣設陰陽學訓術。陰陽人從地方陰陽學肄業或被選拔出來後,再送到欽天監考試。(《大明會典》卷二二三:「凡天下府州縣舉到陰陽人堪任正術等官者,俱從吏部送(欽天監),考中,送回選用;不中者發回原籍為民,原保官吏治罪。」)清代大致沿用明制,凡陰陽術數之流,悉歸中央欽天監及地方陰陽官員管理、培訓、認證。至今尚有「紹興府陰陽印」、「東光縣陰陽學記」等明代銅印,及某某縣某某之清代陰陽執照等傳世。

清代欽天監漏刻科對官員要求甚為嚴格。《大清會典》「國子監」規定:「凡算學之教,設肄業生。滿洲十有二人,蒙古、漢軍各六人,於各旗官學內考取。漢十有二人,於舉人、貢監生童內考取。」學生在官學肄業、貢監生肄業或考得舉人後,經過了五年對天文、算法、陰陽學的學習,其中精通陰陽術數者,會送往漏刻科。而在欽天監供職的官員,《大清會典則例》「欽天監」規定:「本監官生三年考核一次,術業精通者,保題升用。不及者,停其升轉,再加學習。如能黽

附學生二十四人,由欽天監選送。教以天文演算法諸書,五年學業有成,舉人引見以欽天監博士用,貢監生童以天文生補用。」

勉供職，即予開復。仍不及者，降職一等，再令學習三年，能習熟者，准予開復，仍不能者，黜退。」除定期考核以定其升用降職外，《大清律例》中對陰陽術士不準確的推斷（妄言禍福）是要治罪的。《大清律例・一七八・術七・妄言禍福》：「凡陰陽術士，不許於大小文武官員之家妄言禍福，違者杖一百。其依經推算星命卜課，不在禁限。」大小文武官員延請的陰陽術士，自然是以欽天監漏刻科官員或地方陰陽官員為主。

官方陰陽學制度也影響鄰國如朝鮮、日本、越南等地，一直到了民國時期，鄰國仍然沿用着我國的多種術數。而我國的漢族術數，在古代甚至影響遍及西夏、突厥、吐蕃、阿拉伯、印度、東南亞諸國。

術數研究

術數在我國古代社會雖然影響深遠，「是傳統中國理念中的一門科學，從傳統的陰陽、五行、九宮、八卦、河圖、洛書等觀念作大自然的研究。……傳統中國的天文學、數學、煉丹術等，要到上世紀中葉始受世界學者肯定。可是，術數還未受到應得的注意。術數在傳統中國科技史、思想史、文化史、社會史，甚至軍事史都有一定的影響。……更進一步了解術數，我們將更能了解中國歷史的全貌。」（何丙郁《術數、天文與醫學中國科技史的新視野》，香港城市大學中國文化中心。）

可是術數至今一直不受正統學界所重視，加上術家藏秘自珍，又揚言天機不可洩漏，「（術數）乃吾國科學與哲學融貫而成一種學說，數千年來傳衍嬗變，或隱或現，全賴一二有心人為之繼續維繫，賴以不絕，其中確有學術上研究之價值，非徒癡人說夢，荒誕不經之謂也。其所以至今不能在科學中成立一種地位者，實有數因。蓋古代士大夫階級目醫卜星相為九流之學，多恥道之；而發明諸大師又故為恍迷離之辭，以待後人探索；間有一二賢者有所發明，亦秘莫如深，既恐洩天地之秘，復恐譏為旁門左道，始終不肯公開研究，成立一有系統說明之書籍，貽之後世。故居今日而欲研究此種學術，實一極困難之事。」（民國徐樂吾《子平真詮評註》，方重審序）

現存的術數古籍，除極少數是唐、宋、元的版本外，絕大多數是明、清兩代的版本。其內容也主

要是明、清兩代流行的術數，唐宋或以前的術數及其書籍，大部分均已失傳，只能從史料記載、出土文

獻、敦煌遺書中稍窺一鱗半爪。

術數版本

坊間術數古籍版本，大多是晚清書坊之翻刻本及民國書賈之重排本，其中豕亥魚魯，或任意增刪，

往往文意全非，以至不能卒讀。現今不論是術數愛好者，還是民俗、史學、社會、文化、版本等學術研

究者，要想得一常見術數書籍的善本、原版，已經非常困難，更遑論如稿本、鈔本、孤本等珍稀版本。

在文獻不足及缺乏善本的情況下，要想對術數的源流、理法、及其影響，作全面深入的研究，幾不可能。

有見及此，本叢刊編校小組經多年努力及多方協助，在海內外搜羅了二十世紀六十年代以前漢文為主

的術數類善本、珍本、鈔本、孤本、稿本、批校本等數百種，精選出其中最佳版本，分別輯入兩個系列：

一、心一堂術數古籍珍本叢刊
二、心一堂術數古籍整理叢刊

前者以最新數碼（數位）技術清理、修復珍本原本的版面，更正明顯的錯訛，部分善本更以原色彩

色精印，務求更勝原本。并以每百多種珍本、一百二十冊為一輯，分輯出版，以饗讀者。

後者延請、稿約有關專家、學者，以善本、珍本等作底本，參以其他版本，古籍進行審定、校勘、

注釋，務求打造一最善版本，方便現代人閱讀、理解、研究等之用。

限於編校小組的水平，版本選擇及考證、文字修正、提要內容等方面，恐有疏漏及舛誤之處，懇請

方家不吝指正。

心一堂術數古籍 整理 珍本 叢刊編校小組
二零零九年七月序
二零一四年九月第三次修訂

八　風

攷　略

沈祖緜著

章氏國學講習會印行

沈延發

八風考略

沈祖緜

八風之說實與易之卦位相表裏。班固賈逵服虔高誘韋昭皆以八卦象之。清代治易者未能致意姚配中據春秋考異郵之八風以釋說卦傳帝出乎震一節徐文靖又以史記律書解之及黃以周正張惠言律書圖之譌作論八風於是後人始稍稍注意特其說未詳不能窮其原委今乃薈萃衆說撰成八風考略刪枝末探本原庶幾八風之說得有所是正也。

何謂八大戴禮本命篇八者維綱也天地以發明。故聖人以合陰陽之數也。注云。八為方維。八卦之數也。又易本命篇二九十八八主風注云風之大數盡於八也。然周天三百有六十度以八除之得四十有五度。一方一維皆得四十五度也。

周禮保章氏疏引春秋考異郵曰陽立於五極於九五九四十五一變以陰合陽。故八卦主八風相距各四十五日其說反不如每日行周天一度使人易明也。

何謂風御覽卷九引春秋考異郵曰風之為言萌也其立字蟲動於几中為風。<small>按凡几係之誤 淮南</small>子氾論篇風先萌焉。白虎通八風篇風之為言萌也此以萌釋風者也。

春秋左氏傳四年傳惟是風馬牛不相及也。疏引服虔注風放也。釋名釋天風放也。氣放散

也。安說卦傳風以散之。又曰汜也其氣博汜而動物也。此以放釋風也。

春秋考異郵曰其立字蟲動於凡中爲風素問五運行大論東方生蟲論衡商蟲篇凡蟲爲

風之字說文。十三篇頁下三部。風動蟲生故蟲八日而化此以蟲釋風也。

按之字義以蟲釋風爲正漢人重五行風於五行中究屬何行余以爲風者氣之也風動

蟲生氣也春秋左氏昭元年傳天有六氣淫有六疾又曰晦淫惑疾又曰於文皿蟲爲蠱穀

之飛亦爲蠱在周易女惑男風落山謂之蠱皆同物也杜預注曰巽下艮上蠱巽爲長女艮爲

風長爲少男爲山少男而說長女非也故惑山木得風而落以此觀之則風爲氣之所感無

疑義素問言五運六氣是風爲運氣也運有五氣有六豈能爲五行中之一行所拘哉

既云八風八方皆有風亦卽八方皆有運與氣運氣之說限與篇幅姑不論但以八方皆有

風論之則東南西北皆有風也木火金水皆有風也我國地處溫帶東瀕海南瀕海故風自

東與南來者東木南火性必溫煦西崇山北瀚海故風自西與北來者西金北水時必寒冷。

此自然之勢不易之理也有以風爲土氣如易說卦傳巽爲風陸績注說書洪範曰風鄭玄

注說是也然鄭注洪範星有好風則曰風土也爲木妃與風土氣義又歧矣南齊書樂志引

二

蔡邕月令章句。東方有木三土五。故數八以土爲木妃。或曰是也。然南方有火二土五。故數

七西方有金四土五。故數九北方有水一土五。故數六豈能斷章取義僅取東方妃木哉。

素問五常政大論脾其畏風注風木令也又風雲並興注風。

木也又五運行大論風勝濕注風木氣又陰陽應象大論風勝濕注風爲木氣淮南子天文

訓虛嘯而谷風至高誘注風木也春秋繁露五行五事篇風者木之氣也其音角所謂木

令木化木風之氣諸說咸據說卦傳巽爲風爲木而來也然木化之說較諸說爲強因丁

壬化木寅亥化木化則其氣不專有相從之義爾風既云方何能限於一方莊子齊物論大

塊噫氣其名爲風宋玉風賦夫風者天地之氣溥暢又曰風生於地注引文選卷十三五經通義

陰陽散而爲風風氣無根也又引春秋元命包曰陰陽怒而爲風侵淫漸進也以諸說證之。

不能拘於爲土爲木之說也。

何謂八風八風者八方之風也禮記樂記曰八風從律而不姦注八風從律應節至也。即安節二

角徵羽謂之五聲八方之風謂之八風八音克諸節有度也無相奪倫守有序也。按杜注八音克諧無

春秋左氏襄二十九年傳五聲和八風平節有度守有序注宮商十四第也八風想而至即四立二至二分風向變

角徵羽謂之五聲八方之風謂之八風八音克諸節有度也無相奪倫守有序也。相舜補引書舜典語又昭二十年傳一氣二體三類四物五聲六律七音八風九歌以相成也注八方

之氣謂之八風皆謂八方之風豈木氣土氣所能限哉。

以上諸說八風之義略舉大義易說卦傳曰帝出乎震齊乎巽相見乎離致役乎坤說言乎

兌戰乎乾勞乎坎成言乎艮又重言以申明之曰萬物出乎震震東方也齊乎巽巽東南也

言萬物之絜齊也離也者明也萬物皆相見南方之卦也聖人南面而聽天下嚮明而治蓋

取諸此也坤也者地也萬物皆致養焉故曰致役乎坤兌正秋也萬物之所說也故曰說言

乎兌戰乎乾乾西北之卦也言陰陽相薄也坎者水也正北方之卦也勞卦也萬物之所歸

也故曰勞乎坎艮東北之卦也萬物之所成終而成始也故曰成言乎艮其說已將四時

兌〔正秋也〕·五行〔者按坎如水也〕·八方六律〔按卯月延月〕八風八音十二月二十四節七十二候莫不包括之也。

二

八風之說立為專論者今所見者始於白虎通其說為古文歟今文歟世未論定余以為古

文家言無疑觀中諸儒講論五經同異諸篇皆引書惟此篇無之是古今文一致故同而不

異徵諸春秋左氏昭二十年正義引賈逵說其為古文可決也。

今攷八風諸家之說可分為十說。

甲以八卦立說者

四

周禮保章氏疏。引春秋考異郵曰陽立於五極於九五四十五一變以陰合陽。故八卦主。

八風相距各四十五日艮爲條風震爲明庶風巽爲清明風離爲景風坤爲涼風兌爲閶闔

風乾爲不周風坎爲廣莫風此起自艮其位與說卦傳同。

太玄攟削割剝竹革木土金擊石彈絲以和天下攟擬之八風注。坎爲廣莫風艮爲條風震

爲明庶風巽爲清明風離爲景風兌爲閶闔風坤爲涼風乾爲不周風此起於坎惟兌爲閶

闔風坤爲涼風兩句顛倒疑淺人改竄。

乙、以八方立說者

八方卽東震。東南巽。南離。西南坤。西兌。西北乾。北坎。東北艮。是也。國語周語方不應時不應

時則亂。大戴禮曾子天圓篇淮南子天文篇皆云地道曰方。

春秋左氏昭二十年傳正義引通卦驗。東北曰條風東方曰明庶風東南曰清明風南方曰

景風（字係方之誤）曰閶闔風西北曰不周風北方曰廣莫風條風又名融風。

景風又名凱風此起於艮今通卦驗無此文。

呂氏春秋有始覽何謂八風東北曰炎風（高誘注一曰融風艮氣）東方曰滔風（注一曰震氣明庶風所生）東南

日熏風（注巽氣所生一曰清明風）南方曰巨風（注離熱凱所生一曰凱風自南）西南曰淒風（注一曰坤涼氣風所生）西方曰飂

風。（注：兌氣所生。）西北曰厲風。（一曰閶闔所生風。）北方曰寒風。（一曰不周所生風。）此起於艮呂氏未言卦。

高誘注則以八卦之氣生風其注巨風一曰凱風外餘皆引淮南子天文篇語蕭吉五行大

義引呂氏云。東方滔風東南動風（黸之動誤）。南方巨風西南淒風西方飄風（聲近通嘍羅）。西北厲風。

北方寒風東北炎風此係蕭氏引有始覽酌改之爾其方位起于震初學記卷一百二十二

引呂氏春秋云。東北曰融風（波初學記注改正文也以高）東風（字之誤）。日滔風南方曰薰風（上脫東字）。

一曰南方曰巨風（或按徐氏不知方向後人誤入寬耳）。西方曰飂風（疑飀字）。西北曰厲風北方曰寒風此亦起

於艮西方曰飂風上脫西南曰淒風句類書脫衍實不能免在學者學有所本方免貽誤否

則正文不誤從類書反誤矣。

淮南子墜形篇何謂八風東北曰炎風（高誘注一曰艮氣所生風也）。南方曰巨風（一曰離氣所生風也）。東方曰條風（注一曰明庶風也）。

景風（諸家以離南方禍景一曰清明風注獨異○按本作東南見天文篇景風一書前後互異）。西北曰麗風（一曰坎氣莫所生也）。北方曰寒風（一曰廣莫風生也）。西南曰涼風（注一曰坤氣也）。西方

曰颺風（所注兌氣所生也）。西北曰麗風（一曰閶闔氣所生風）。北方曰寒風（一曰廣莫風也）。東方曰條風。此起於艮蕭吉五行

大義引淮南子與今本異淮南子曰東北方曰蒼門生條風東方曰開明門生明庶風東南

方曰陽門生清明風南方曰暑門生景風西南方曰白門

生涼風西方曰閶闔門生閶闔風西北曰幽都門生不周風北方曰寒門（按寒字塞今本是也）。生廣莫

六

八風攷略

風。此亦起於艮蕭氏節錄淮南子墜形篇將八風八紘之說合而爲一也。

說文風。（十三篇下部首）•八風也東方曰明庶風東南曰清明風南方曰景風西南曰涼風西方曰閶

闔風西北曰不周風北方曰廣漠風東北曰融風動蟲生此起于震。

漢書禮樂志郊祀歌景星十二（四興遞代八風生）注應劭曰四時遞代成陰陽八風以生也

臣瓚曰舞者四縣代奏也左氏傳曰夫舞可以節八音而行八風也師古曰瓚說是也八方

之風謂東北曰條風東方曰明庶風東南曰清明風南方曰景風西南曰涼風西方曰閶闔

風西北曰不周風北方曰廣莫風此起于艮。

丙以四方四隅立說者

後漢書郎顗傳注風角謂四方四隅之風以占吉凶四方者坎（北 離 南 震 東 兌 西 也）四隅者

乾（西北 巽 東南 艮 東北 坤 西南）也風角之書今已佚惟唐人李淳風乙巳占猶言其大略其說與筮卜

異爲易之支流

素問八正神明論八正者所以候八風之虛邪以時至者也王冰注。八風者東方嬰兒風南

方大弱風西方剛風（兌波名小剛風 太公兵書•北方大剛風東北方凶風南方弱風西南方謀風西北方）

折風此先言東南西北四正之風次言東北東南西南西北四隅之風其說卽風角也。

蕭吉五行大義引太公兵書曰坎名大剛風乾名折風兌名小剛風艮名凶風坤名謀風巽

名小弱風震名嬰兒風離名大弱風風名與素問王冰注同惜方向無次序疑後人亂之爾。

太公兵書今佚。

李淳風乙己占卷十八方暴風占以八節立說其方位亦起於坎與諸說同惟東北艮曰條

風下注云亦名焱風東方震曰明庶風下亦名宍風東南巽曰清明風下注云一名景風南

方離曰景風下注云一名臣風（巨按之臣誤係）西南坤曰涼風下一作諫注云一名陳風西方兌曰

閶闔風下亦名飄風李氏又引京房云八方風列名似京氏亦有八風之

說也李氏又云乾高折風（原注一名衝）一坎為大剛風艮為凶風震為嬰兒風巽為大弱（原注一名露）

為大弱風坤為諫風（陰注謀風）兌為小弱與蕭王二氏所引同惟風名稍異而起於乾方向

不亂李氏於風下皆引京房語又三辰八角風以申子辰之日巳酉丑之日亥卯未之日寅

午戌之日與漢書翼奉傳齊詩說意相同也並以八節之風又分卦位並云京房善用德張

平子善用日辰伏氏善用刑翼氏善用溫熱是采漢人之說也李氏又錄圖於後其圖與宋

人所謂後天八卦圖同且有十二子十干四維則後天卦圖為宋人所偽其說可破茲轉載

其圖如下。

八風攷略

九

丁、以八音八方與八卦並提立論者

周禮春官大司樂。樂凡六樂者文之以五聲播之以八音又大師皆播之以八音。金石土革絲

木匏竹說文樂。木部。上。五聲八音總名八音者。金兌石乾絲離也竹震匏艮土坤革坎木巽是

也白虎通禮樂篇聲五音八何聲爲爲本出於五行音爲末象八風服虔謂八卦之風因風動

而聲生五音乾石兌金爲金震竹巽末爲木離絲爲火坎革爲水中土爲土艮以匏附於竹

木坤以土附以金石此以五聲合八音也大戴禮曾子天問篇聖人愼守日月之數以察星

辰之行以序四時之順逆謂之曆截十二管按十二管。即各六以宗八音之上下清濁謂之律也。

律居陰而治陽律也。即六居陽而治陰呂也。即六律曆送相治也按其說尤。

以諸說證八風起例雖各有異要皆殊塗同歸惟八音則亂因六藝於樂。亡於戰國兩漢學

者。惟河間獻王王禹略知其義是說已佚後人又未能深攷故漢時已不應經法矣。

五行大義引樂緯葉圖徵云坎主冬至樂用管艮主立春樂用塤震主春分樂用鼓巽主立

夏樂用笙離主夏至樂用琴瑟坤主立秋樂用磬兌主秋分樂用鐘乾主立冬樂用柷圉此

起於坎者也並以八節證八音春秋左氏隱五年傳疏引沈氏云同樂用琴瑟沈氏引作樂

用弦樂用柷圉沈氏引作樂用柷敔惟起例亦同。

五行大義又引樂緯一說云。鼓主震笙主巽柷敔主乾塤主艮管主坎弦主離磬主坤鐘主

兌。其說八音與叶圖徵合至八卦方位則錯亂。

白虎通禮樂篇引樂記曰土曰塤竹曰管皮曰鼓匏曰笙絲曰絃石曰磬金曰鐘木曰柷敔。

此之謂八音也法易八卦也萬物之數也八音萬物之聲也今樂記佚漢書律歷志說同此

言萬物之數及萬物之聲與漢書異萬物二字與說卦傳萬物出乎震一節合至八位方位

亦錯亂其說與諸家異疑今文也。

白虎通同篇又引樂記曰壎坎音也管艮音也鼓震音也弦離音也鐘兌音也柷乾音也此

說缺巽音坤音故錯亂而無次序與上引樂記說又不相同、

白虎通同篇又云一說柷鼓篴塤鐘磬如其次笙在北方柷在東北方鼓在東方篴在

東南方琴在南方塤在西南方鐘在西方磬在西北方此起於坎方位與說卦同惟樂與諸

家異

春秋左氏昭二十年傳五聲和八風平疏引賈逵曰兌爲金爲閶闔風也乾爲石爲不周風

也坎爲革爲廣莫風也艮爲匏爲融風也震爲竹爲明庶風也巽爲木爲清明風也離爲絲

爲景風也坤爲土爲涼風也是先儒依易緯配八風也正義謂先儒依易緯配八風武斷之

說也。賈氏引何書。不可攷賈說起於兌。

春秋左氏隱六年傳夫舞所以節八音而行八風。疏引服虔解誼八卦之風乾音石其風不

周坎音革其風廣莫艮音匏其風融震音竹其風明庶巽音木其風清明離音絲其風景坤

音土其風涼兌音金其風閶闔其說與賈達同不過起例不同賈起於兌服起於乾栁

國語周語下伶州鳩曰金尚羽石尚角瓦絲尚宮匏竹尚義 按義或作議・韋昭注義從其調利也與艮以匏陣於竹木之說

革木一聲。 按木祝敔也・也按革鼖鼓也 (中略)而行之以逮八風韋昭注曰正西曰兌為金為閶闔西北

曰乾曰石為不周正北曰坎為革為廣漠 莫安衍之漠 東北曰艮為匏為融風正東曰震為竹

明庶東南曰巽為木為清明正南曰離為絲為景風西南曰坤為瓦 按筆籍瓦缶皆而歇詩易陳離・九三不鼓缶

同。鳳宛丘坎其擊缶 缶為土製樂器也 是 為涼風此起於兌以八方八卦連類及之說與賈服二氏同起例

則與賈同。

淮南子天文篇何謂八風 正文見下滙 高誘注曰艮卦之風一名融 按正文融為笙也震卦之風為

管也巽卦之風為枳也離卦之風為弦也坤卦之風為塤也兌卦之風為鐘也乾卦之風為

磬也坎卦之風為鼓也注從原文起艮其說樂器與白虎通引樂記同總之八風之說諸家

皆同八音之說亦無異議惟樂器則各不相同茲列表如下。

卦名＼八音	乾	坎	艮	震	巽	離	坤	兌	附
八音	石	革	匏	竹	木	絲	土	金	說
樂緯叶圖徵	柷圉	管	塤	鼓	笙	琴瑟	磬	鐘	春秋左氏傳隱五年疏沈氏引樂緯同句法上下同
樂緯	柷敔	管	塤	鼓	笙	弦	磬	鐘	叶圖徵
白虎通引樂記	磬	鼓	笙	管	柷敔	塤	弦	鐘	高誘注同
白虎通引樂記	塤	鼓	笙	管	柷敔	弦	磬	鐘	
白虎通引一說	磬	鼓	笙	柷敔	簫	琴	塤	鐘	
賈逵說	石	革	匏	竹	木	絲	瓦	金	
服虔說	石	革	匏	竹	木	絲	瓦	金	
韋昭說	石	革	匏	竹	木	絲	瓦	金	

右表言金石絲竹匏土革木。買服二氏同。韋昭亦同。惟土作瓦。至樂器其說各異。余以為音自音器自器。二者不能相混。故樂記曰凡音者生於人心者也。樂者通俗倫者也。音與樂其別如此。金石絲竹匏土革木未成器之元音也。若已成器則各器各具八音者也。製器之始。取材八方元音之物。如金之於鐘絲之於琴瑟是也。按呂氏春秋古樂篇。黃帝又命伶倫與榮將鑄十二鐘。以和五音。以施英韶。是也。

鐘有五音之體琴有弦孔絃孔音所出其音不同

成器後各有音律矣。非一器一元音也。韋昭以土爲瓦不知土

係材瓦係器此韋氏以爲瓦失之。

春秋左氏襄二十九年傳五音和八風平節有度守有序昭二十年傳一氣二體三類四物。

五聲六律七音八風九歌。以相成也。清濁小大短長疾徐哀樂剛柔運速高下出入周疏以

相濟也君子聽之以平其心心平德和故詩曰德音孔昭又二十一傳伶州鳩曰夫音樂之

輿也又二十五年傳爲九歌八風七音六律以奉五聲又如呂氏春秋仲夏季夏兩紀諸篇

言樂與音之別亦縣漢書律曆志二曰備數二曰和聲三曰審度四曰嘉量五曰權衡言製

器也攷說文鼓部五篇上。郭也春秋之音萬物郭皮甲而出故曰鼓从壴从屮又屮象屮飾又

象其手擊之也春分震也樂記以坎爲鼓取坎爲革也然革無音空其中方有音凡樂器皆

然蒙革爲鼓象竹之中空時在春分而分亦空也詩陳風宛丘其擊缶坎坎擊鼓聲也或

革爲坎元音也。

說文柷木部六篇上。木椌工用柷。止音爲節从木祝省。敔支部三篇下。禁也。一曰樂器椌楬也。形如木

虎从攴吾聲。柷樂从木空聲樂記注曰椌楬謂柷敔也。楬木部。桀也。从木曷聲春秋傳曰

楬而書之。敔樂緯叶圖徵作圉圉即圄也說文圄六部篇下。守之也守即止之義也漢書律曆

志。風俗通聲音篇皆曰木曰柷木亦無音亦必空其中乃有音是也。

離方之音爲絲樂器爲弦爲琴瑟諸家皆同說文弦弓弦也。從弓。象弓軫之形琴〔十二部首篇下〕禁也神農所作洞越練朱五弦周時加二弦瑟〔十二部首篇下〕庖犠作弦樂也以許氏解廣其義朱

爲離之色五以十二子言即建午之月也午爲離之正周時加二弦者五加二爲七七火數

也二七爲九亦離數也故絲爲離氣

白虎通禮樂篇壎坎音也又曰壎爲十一月。十一月建子坎氣也樂緯坤爲壎其說不如土

日壎說文壎〔十三部篇下〕樂器也以土爲之六孔從土熏聲詩何人斯伯也吹壎傳土曰壎漢書

律曆志土曰壎諸家皆以坤爲土爲壎。

說文鐘〔十四金部篇上〕樂鐘也秋分之音萬物種成故謂之鐘從金童聲秋分兌氣釋文釋樂器鐘。

空也鐘中空音自空來也所謂空谷傳聲空穴來風是也

說文磬〔九石部篇下〕石樂也〔氏按正從段〕以石岸象縣虡之形殳所以擊之也古者毋句氏作磬白虎

通磬者夷則之氣也初學記引雷氏五經要義磬立秋之樂也兩說皆出樂緯夷則即建申

之月其節爲立秋諸家以乾爲石音禮記樂記石聲磬說卦傳乾爲金爲玉磬石似之非夷

則之氣也

說文管竹部五篇上•如箎六孔十二月之音也物開地牙故謂之管從竹官聲十二月建丑以卦

論則艮氣也然節在小寒猶爲坎氣中屬大寒始屬艮氣故管自坎始而艮終說卦傳艮東

北之卦也萬物之所成終而成始也合漢書律曆志孟康注引禮器記管漆竹長一尺六孔

以一六水也故屬坎至坎爲革坎之音爲管爾古人謂七音周語伶州

鳩曰革木一聲疑革與木同故謂七音今震曰竹不曰木因說卦傳震爲蒼筤竹也

說文笙竹部五篇上•十三簧象鳳之身也笙正月之音物生故謂之笙大者謂之巢小者謂之和

從竹生白虎通太簇之氣萬物之生故曰笙史記律書泰簇者言萬物之簇生也故曰泰簇

其十二子爲寅寅爲正月是也白虎通引樂說曰匏爲笙與買服韋三氏以匏爲艮氣同而

白虎通又以匏之爲言施也牙也在十二月萬物皆施而牙與說文管字解同直以管誤爲

匏又誤以艮氣爲坎氣矣釋文釋樂器笙以匏爲之故曰匏也其證明矣

樂說久亡漢書禮樂志云至于六國魏文侯最爲好古而謂子夏曰寡人聽古樂則欲寐及

聞鄭衛余不知倦焉子夏辭而辨之終不見納自此禮樂喪矣按說記詳禮樂記•漢興樂家有制氏

以雅樂聲律世世爲樂大官但能紀其鏗鎗鼓舞而不能言其義其言已如此足徵樂在漢已

亡矣。

戊以八節立說者

八節即立春。○艮.寅.節。春分。○震.卯.中。立夏。○巽.巳.節。夏至。○離.午.中。立秋。○坤.申.節。秋分。○兌.酉.中。立冬。○乾.亥.節。冬至。○坎.子.中。

在四正子午卯酉月者為中在四隅寅申巳亥月者為節鄭玄禮記樂記注八風從律應節

至也節謂立春立夏立秋立冬也至謂夏至冬至也荀爽易傳雷以動之注謂建卯之月震

卦用事以月建釋卦矣史記律書索隱八正謂八節之氣以應八節之風皆其證也。

御覽卷九引春秋攷異郵云八風殺生以節翶翔距冬至四十五日條風至條者達生也四

十五日明庶風迎惠四十五日清明風至精芒挫收四十五日景風至景者強也強

以成之四十五日涼風至涼風者寒以閉也四十五日閶闔風至閶闔者當寒天收也四十

五日不周風至不周者不交也陰陽未合化也四十五日廣莫風至廣莫精大滿也風之為

言萌也其立字蟲動于凡中者為風此八節以坎起風以艮起也。

高似孫緯略引通卦驗今本無之豈宋時本不同歟與白虎通禮樂篇是以王者承順之下

同可以互證陳立白虎通疏證所引通卦驗全據緯略似未見原書其文曰冬至廣莫風至

誅有罪斷大刑。月令作戮有與殺斷刑淮南子天文篇行刑莫罪行刑白虎通則斷大辟廣莫不見原書

立春條風至赦小罪出稽留。淮南子天文篇出調繫去稽留白虎通出輕刑解稽留

春分明庶風至正封疆。白虎通正作修。修田疇。淮南子天文篇同白虎通

理•作修

立夏清明風至•出幣帛，[淮南子天文篇白虎通同•] 封有功•禮諸侯•[天文篇作爵有位•白虎通引孝經緯作辦大將軍，有子德•唐顥函引孝經緯作辦大將軍•]

夏至景風至•辦大將軍•[淮南子天文篇同•白虎通禮樂付使•作封•南] 立秋涼風至•報土功•祀四郊•[淮南子天文篇封•作收•解•作敕•白虎通作申系•刑師囷倉•] 立冬不周風至•[淮南子天文篇白虎通同•]

秋分閶闔風至•解懸垂琴瑟不張• 八風以時至則陰陽合而王道成萬物得以育生•

修宮室完邊城•[淮南子天文篇完邊城•作修城郭•白虎通完•作修城郭•]

王者當順八風行八政當八卦也此起於坎也

淮南子天文篇何謂八風距日冬至四十五日條風至，[高誘注艮卦之風•融•為笙也•] 條風至四十五日明庶風至，[震卦之風也•] 明庶風至四十五日清明風至，[巽卦也•] 清明風至四十五日景風至，[離卦之也•] 景風至四十五日涼風至，[坤卦填也•] 涼風至四十五日閶闔風至，[兌卦之也•閶闔] 閶闔風至四十五日不周風至，[坎卦之也鍾也•閶闔] 不周風至四十五日廣莫風至•[乾卦之也•] 此八節以坎

起風以艮起也•高誘注八晉說見前丁節•

白虎通八風篇云風者何謂也風之為言萌也養物成功所以象八卦陽立於九極於五五

九四十五日變變以為風陰合陽以生風也距冬至四十五日條風至條者生也四十五日

明庶風至明庶者迎眾也四十五日清明風至清明者青芒也[安禮記樂記正義芒上無青字•] 四十五日景

風至景者大也言陽氣長養也四十五日涼風至涼寒也陰氣行也四十五日昌盡風至昌

盡者。戒收藏也。

四十五日不周風至。不周者不交也。言陰陽未合化也。（按樂記作記。正義作成是也。）（交字非是。見下。）

四十五日廣莫風至。廣莫者大莫也。開陽氣也。（下略）此八節以坎起。風以艮起也。禮

記樂記正義及五行大義文相似故不錄。

己以卦氣立說者

以四正卦各卦六爻之變爲中節者。例如震（春方東）○離（夏方南）○兌（秋方西）○坎（冬方北）○每爻相間爲一中

一節得二十四中節。即一歲也。晉書天文志董巴議云。昔伏羲始造八卦。作三畫以象二十

四氣。黃帝因之。初作調曆。董以三畫卦言。與羣籍以四正卦六爻之變異。並以公卦純四正

卦之初爻侯卦純四正卦之四爻。初兩爻。即爲八節是也

乾元序制記曰。坎初冬至廣漠風。震初春分明庶風。離初夏至景風。兌初秋分霜下。（按霜下兩字誤。）

乾元序制記又曰。坎初六冬至廣漠風。九二小寒。六三大寒。六四立春條風。九五雨水。上六

謂之谷風。北風謂之涼風。（涼宜作飀。說文十三篇下。編北風謂之飀。今本作涼。俗人所改。）震初謂初爻也。與爾雅釋天南風謂之凱風。東風

驚蟄。震初九春分明庶風。六二清明。六三穀雨。九四立夏溫風。六五小滿。上六芒種。離初九（盡宜作歲。見下。昌）

夏至景風。六二小暑。九三大暑。九四立秋涼風至。六五處暑。上九白露。兌初九秋分閶闔風。

霜下。按霜上兩字衍。下疑承上之誤。宜入爻。

九二寒露。六三霜降。九四立冬始水不周風。按始冰兩字宜入亦。九五小

雪上六大雪此以風冬震春離夏兌秋四方伯每卦六爻爲二十四中節也又每卦初四兩

爻爲風之所自出此亦起於坎也。

易緯稽覽圖說視乾元序制記二十四中節爲尤密以公辟侯大夫卿純四方伯之卦每月

公卦侯卦即爲中節所居之氣即漢人六日七分之學也茲節錄其表與八風有關如下。

中孚 公純坎初六。 冬至十一月中廣漠風。

解 公純震初九。 春分二月中明庶風。

咸 公純離初九。 夏至五月中凱風。

賁 公純兌初九。 秋分八月中閶闔風。

中孚解咸賁四卦在卦氣爲公卦凡公卦初爻三爻五爻皆爲中氣坎震離兌爲四方伯每

卦六爻四卦二十四爻即爲二十四中節也純緣也猶言中孚公卦緣於坎初六爻也餘類

推此言四正之卦亦起於坎下言四隅卦也初與四應故下四節皆四爻也

小過 侯純坎六四。 立春正月節條風。

旅 侯純震九四。 立夏四月節。紀昀等校曰按此下當脫去溫風兩字。

恆侯純離九四。立秋七月節涼風。

艮侯純兌九四。立冬十月節。紀昀等校曰按此下當脫不周風

小過旅恆艮四卦在卦氣爲侯卦凡侯卦二爻四爻六爻皆爲節。

庚以風天卦地立說者

風天以八風象天也卦地以八卦法地也吳越春秋闔閭內傳子胥乃使術士相土嘗水象

天法地造築大城周迴四十七里 按越絕書吳大城周四十七里二百一十步二尺

象地八卦築小城周十里陸門三不開東面者 按面門字疑面門之誤 欲以絕越明也 陸門八以象天八風水門八以

闔門者以象天門通閶闔風也 按天門在乾閶闔在兌其說誤也當有奪字 閶闔欲西破楚楚在西北故立閶門。 按日東爲明庶風底故絕越明也立

以通天氣。爲蛇門以象地戶。 按已欲幷越在己其位蛇 立蛇門以象地

故子城南門上反羽爲兩鯢繞以象龍角越在東南故立蛇門以制敵國吳在辰其位龍也。故南大門上置木蛇北首向內。

示越屬於吳也其文有脫奪重衍惟風天地卦乃後起之義也。

辛以宿度律呂立說者

宿度即二十八舍也律六律也國語周語下王將鑄無射韋昭注十一月日黃鐘之建月子乾初

九也正月日太簇之建月寅乾九二也三月日姑洗之建月辰乾九三也五月日蕤賓之建月午乾九四也

七月日夷則。

乾九五也九月日無射之建月戌。乾上九也呂六呂也謂之六間韋註云十二

月日大呂之建月丑。坤六四也二月日夾鐘之建月卯。坤六五也四月日仲呂之建月巳。坤上六也六月日

林鐘之建月未。坤初六也八月日南呂之建月酉。坤六二也十月日應鐘之建月亥。坤六三也國語周語下。

伶州鳩所謂律所立均出度也韋註云陽為律陰為呂故乾陽也其六爻之變為律坤陰也

其六爻之變為呂此起於坎。

史記律書書曰七正二十八舍律曆天所以通五行八正之氣天所以成熟萬物也舍者日

月所舍舍者舒氣也不周風居西北主殺生安此有奪字下東壁居不周風東而東之至於營室

東至于危十月也律中應鐘應鐘者陽氣之應不用事也其於十二子為亥亥者該也言陽

氣藏於下故該也。廣莫風居北方廣莫者言陽在下陰莫陽廣大也故曰廣莫東至於虛也。

東至于須女十一月也律中黃鐘黃鐘者陽氣踵黃泉而出也其於十二子為子子者滋也

滋者言萬物滋於下也其於十母為壬癸壬之為言任也言陽氣任養萬物於下也癸之為

言揆也言萬物可揆度故曰癸。

東至牽牛東至於建星即斗星也。十二月律中大呂大呂者其於十二月為丑丑者

按子月太史公加壬癸二母又治史者皆泛泛竄過即有解者言無一中因子卯午酉為四正之卦有子而無母不知此理之立成而於律呂隔八相生者督談皮傳之談皮
離離氣為丙午丁皆一子兩母四隅之卦坎坎氣為壬子癸卯屬震震氣為甲卯乙午屬

二二

紐也。言陽氣在上未降，萬物厄紐未敢出。〔名。按丑月無風，故不言風。〕

條風居東北，主出萬物。條之言條〔正月也。律中泰簇。泰〕治萬物而出之，故曰條風。南至於箕。南至於尾。〔同。按南至于尾句，條。箕簪當移此。南至於〕

簇者，言萬物簇生也，故曰泰簇。其於十二子為寅。寅言萬物始生蚓然也，故曰寅。二月也。律中夾鐘。

心。南至于房。南至于氐。〔下。按此移上。自〕明庶風居東方。明庶者，明眾物盡出也。

夾鐘者，言陰陽相夾廁也。其於十二月為卯。卯之為言茂也，言萬物茂也。其於十母為甲乙。〔南至於亢。南至于角。名。按辰月無風，故不言風。西至於軫。西至於翼。〕

甲者，言萬物剖符甲而出也。乙者，言萬物生軋軋也。南至於

三月也。律中姑洗。姑洗者，言萬物洗生。其於十二子為辰。辰者，言萬物之蠢也。〔有脫簡。後人又改此句耳。〕

清明風居東南維，主風吹萬物而〔而下字。西之軫。有〕西行也。其於十二子為巳。巳者，言陽氣之巳盡也。西

四月也。律中中呂。中呂言萬物盡旅而西行也。〔按兩句，自今正移易。〕其於十二子為巳。

西至於七星。〔校正移易。〕

陽不用事，故曰賓。景風居南方。景者，言陽氣道竟，故曰景風。其於十二子為午。午者，陰陽交。

至于張。西至於注。〔西至于注。五月也，律中蕤賓。蕤賓者，言陰氣幼少，故曰蕤。痿〕

故曰午。其於十母為丙丁。丙者，言陽道著明，故曰丙。丁者，言萬物之丁壯也，故曰丁。西至

于弧。西至於狼。〔書西宮之天官。按弧狼之天官。六月也，律中林鐘。林鐘者，言萬物就死氣林林然。其於十二子〕

為未。未者，言萬物皆成，有滋味也。〔按未月無風。名。西至于狼，下有涼風居西南維。鋶簡也。馬瀹釋史，史記考證，黃以周史說略八風攷，均未能訂正。〕

涼風居西南維主地。按西南維坤主地也。坤為地。故曰主地。此句宜移易。

北至於參北至于濁。濁謂星也。書。西宮。

也其於十二子為申申者言陰用事申賊萬物故曰

呂南呂者言陽氣之旅入藏也其於十二子為

閭者倡也閭者藏也言陽氣道萬物閭黃泉也其於十

庚辛者言萬物之辛生　北至于胃北至于

用事陽氣無餘也故曰無射其於十二子為戌戌者

文多脫簡故訂正之是亦起于坎也

壬、以四維之風漸辰未戌丑無風之月說

十二月三月六月九月無風名已詳於辛條周禮保章氏以十有二風察天地之和命乖別

之妖祥鄭玄注十有二辰皆有風吹其律以知其和不其道亡矣疏引通卦驗曰八節之風

謂之八卦又曰三月辰六月未九月戌十二月丑皆不見風惟有八風以當八卦八節乾之

風漸九月坤之風漸六月艮之風漸十二月巽之風漸三月賈疏如此喬松年以為賈公彥

括取通卦驗之意而非通驗之文是說頗疑之所謂括取者必有文可括然後乃可取今通

地者沈奪萬物氣也。按以上錯簡。訂正移此。北至於罰。大官按罰

律中夷則夷則言陰氣之賊萬物

七月也。律中夷則。

為酉酉者萬物之老也故曰酉閭闔方居西方。

北至于留即昴索隱也留八月也。律中南

北至于奎九月也律中無射無射者陰氣盛

言萬物盡滅故曰戌故按戌月無鳳不言鳳。此節

卦驗全書。不能得其一字則公彥何能括取。此可證為通卦驗之佚文也。

癸、諸神名為八風立說者

淮南子墜形篇曰諸稽攝提條風之所生也。[注:通視。天神也。庶風卦之所生也。]赤奮若。清明風之所生也。[注:赤奮若清明風。與此異。○共]

[小注:諸稽攝提天神之名也。良為條。爾雅太歲在寅曰攝提格。巽為。赤奮若清明風。○山海經儋耳國同。○共]

工景風之所生也。[注:共工天神也。人面蛇身。離為景風也。]諸比涼風之所生也。[注:諸比涼風天神也。坤為涼風。]皐稽閶闔風之所生也。[注:皐稽閶闔風天神也。兌為閶闔風。]窮奇。

廣莫風之所生也。[注:皐稽天神也。在北方道足乘。神龍其形如挑為廣莫風。○山海經北海內作禺疆。大荒北經儋耳國同。]

三

綜上諸說而證八風與卦位有關。似無疑義。清人治易。力闢易圖之說。以為宋人所偽讀此

當知其非。今更總結如下。

一各象起例雖有不同。五行大義引太公兵書顛倒錯亂然以乙己占證之則五行大義誤也。餘皆相同。至起例有起於兌者有起於乾者有起於坎者有起於艮者有起於震者六說。

若依說卦傳帝出乎震一節證之似起於震依二十四節中冬至為十一月中至為

十二子為子丑寅。初動取兌開於乎天者陽也似當起於坎因卦之方位雖一定不易而二

十四節中有遲速之不同閏餘成歲則起於坎之冬至爲允。

二。風應八方。諸家無異說要皆殊塗同歸有以八方解之者。有以八節八卦解之者。有以八音解之者。有以八方八卦解之者。有以八方八音解之者。有以卦氣解之者。有以八方十二子二十四節中二十八舍解之者因人事日繁立說亦日密至其起原。似先由四方次及於八方復及八卦復由八卦而及於八音其一說也又有以四時及於八節由八節而後及於十二子二十四節中六十卦氣七十二候其說二也。

三。淮南子地形篇諸神之說與爾雅十二子之太歲諸神有同者亦有異者爲原始神話之一種王氷素問注及乙巳占所引者據五行大義以爲太公兵書實係風角也

節而至。然地勢之高下。日光之強弱。其風之影響亦異。如雲南兩粵域等處。八風之說。已不能適用。而南牛球各地之風向。正與此相反矣。

八風風向。在我國黃河揚子江兩流

九宮撰略題辭

蔣竹莊

吾友沈君瓞民曩校漢書律歷五行兩志。欲極其義。蓋有年矣。歲丁丑。蘇州淪陷。避地泰縣。相隔年餘。戊寅復會於上海。詢校兩志事。謂兩志皆誤解洪範「一曰水二曰火三曰木四曰金五曰土」之說。此則本原已紊。是正無方也。若欲窮究兩志。觀其會通。必治洪範與九宮。始薙洪範九宮之說不明。則兩志校讎多惑。兩志校讎多惑。則陰陽五行之學多誣。於是鈎致故籍纂成九宮撰都四卷數十萬言。詳於名物。致於訓詁成證確然。恐學者勢慮茫乎大義。乃刺取其要成九宮撰略十有八篇。其論九宮追溯洛書之卦位以關坤無方位之謬。論中十。據通卦驗「八卦變象皆在乎已」以演易之逆數論參兩之數以一三九七之根爲參天之數二四八六之根爲兩地之數據此倚數之學始備論游宮謂卽洪範之民極逸詩之九變復貫論九宮卽八卦取證於劉徽九章算術序所謂「九九之術以合六爻之變」論古人誤解生成之數恃參兩倚數辨管黑呂覽淮南及班志之爲以明洪範「一曰水二曰火」乃言序非撰數也。此皆前儒所未及思理者今則備矣。說有未浹乃列圖以明之可謂博稽而精思慎求而能繼者也中原喪亂文獻遭水火兵刃者無算學者著述闕爲寡聞。

而歉民濔居窮僻鄉壞處困阨之境人不堪其憂獨能孜孜焉惟恐易道之一日或晦奮筆成書豈天之未喪斯文耶余嘗謂宋晁景迂晚年避兵海陵乃著周易太極傳諸書世相推尊今歉民避地亦海陵也所著亦易也其壇遇抑何肖耶景迂諸書惟易玄星紀譜猶存僅取太玄星紀三者演繹卦氣而已於易實無所贊蓋景迂師承涑水康節泰山諸儒譽之者以爲青出於藍夫卦氣雖爲易之一部若合以星紀固不足以言易之大然由此亦概晁氏之學矣景迂之譜視歉民之爲書固不逮然其志幾相侔因縱言及之以題其耑民國二十七年孟冬愚弟蔣維喬序於因是齋

九宮撰略

沈峽民

一　九宮之起源

（一）

九宮卽易之大衍亦卽所謂洛書也其名始見於乾鑿度云。「易一陰一陽合而爲十五之謂道」又云。「大一取其數以行九宮四正四維皆合於十五」路史註引盧子曰。「伏羲法八極作八卦黃帝作九毅以定九宮」後漢書張衡傳「衡上書臣聞聖人明審律歷以定吉凶重之以卜筮雜之以九宮」則九宮之名昉自秦漢以上矣

古人治九宮之學直揭之曰九宮者。三國志吳志趙達傳云。「治九宮一算之術」又抱朴子自叙云。「其河洛圖緯一視便止不得留意也不喜星書及算術九宮三棊遁甲六壬太乙之法粗知其旨又不研精亦計此輩率是爲人用之事同出身情無急以此自勞役不如省子書之有益遂又廢焉」

古人著書直名之曰九宮者見抱朴子遐覽篇。「九宮五卷」九宮又謂之明堂。大載禮盛德篇云。「明堂者凡九室二九四七五三六一八」卽九宮之法也白虎通辟雍「天子立明堂者所以通神靈感天地正四時出教化宗有德重有道顯有能褒有行者也明堂上圓

下方。八窗四闥布政之宮。在國之陽上圜法天下方法地。八窗象八風四闥法四時。九室法

九州十二坐法十二月三十六戸法三十六雨七十二牖法七十二風。白虎通天圜地方。

十雨五風其立說也皆曲依今文學家之說非也夫三十六者即三十六宮也七十二者即

七十二候也。

古人著書以明堂稱者漢書藝文志「明堂陰陽三十三篇」「明堂陰陽說五卷」「周

易明堂三十六卷」卷帙浩繁則其學非簡單可知有冠以周易者可證明堂之說出於易

也。

二　九宮之別名

九宮又謂之九疇漢書班固自叙傳迹五行志第七。「河圖命庖洛書賜禹八卦成列九疇

逌叙李奇曰河圖即八卦也洛書即洪範九疇也」則九疇之說以洪範證之夏商時已有

之矣九宮又謂之九丘左傳昭十二年傳「八索九丘」後漢書張衡傳注云「八卦之說。

謂之八索」李奇以洪範九疇爲洛書疇與丘音通則九丘爲九疇復無疑。

九疇又謂之九章漢書五行志「河圖雒書相爲經緯八卦九章相爲表裏」論衡正說篇。

「說易者皆謂伏羲八卦文王演爲六十四夫聖人起河出圖洛出書伏羲王河圖從河水

中出易卦是也。禹之時得洛書嘗從洛水中出洪範九章也。是九章卽九疇可知矣。以河圖配八卦洛書配九章吾國數學莫古於九章是一而非二也。

九宮又謂之九鴻九皇九房鶡冠子泰錄「入論泰鴻之內出觀神明之外定制泰一之衷。以爲物稽天有九鴻地有九州泰一之道九皇之傳請成於泰始之末見不詳事於名理之外」又泰鴻篇「九皇殊制而政莫不效焉」後漢書劉瑜傳「桓帝延熹八年上書曰河圖後嗣正在九房」鴻與宮皇與房音通也。

九宮又謂之九洛莊子天運篇「巫咸祒曰求吾語女天有六極五常帝皇順之則治逆之則凶九雒之事治成德備監照下土天下載之此謂上皇」注九洛卽洪範九疇禹時洛出之書。

九宮又謂合宮卽四正四維皆合於十五之合也尸子君治篇黃帝曰合宮有虞氏曰總章殷人曰陽館周人曰明堂皆所以名休其善山文選東都賦注引「尸子曰觀黃帝之行於九宮觀堯舜之行於總章」綜以上諸說觀之名雖異而實則同不過洛書言其體九宮明其用耳。由此可知繫辭是故易有太極一節是言八卦也大衍之數五十一節是言九宮也在易言以太極爲體八卦爲用在九宮言以大衍爲體四正四維爲用知此旨則八卦九

宮之別。

不難分明矣。

三　由九宮追溯洛書之卦位

此言洛書卦位也清儒胡渭輩以爲易無圖誤矣讀此知不必有圖而圖自明矣

說卦傳曰「帝出乎震齊乎巽相見乎離。致役乎坤說言乎兌戰乎乾勞乎坎成言乎艮」

視圖其位其序表而出之即圖也又曰「萬物出乎震震東方也齊乎巽巽東南也齊也者言萬物之潔齊也離也者明也萬物皆相見南方之卦也聖人南面而聽天下嚮明而治蓋取諸此也坤也者地也萬物皆致養焉故曰致役乎坤兌正秋也萬物之所說也故曰說言乎兌戰乎乾乾西北之卦也言陰陽相薄也坎者水也正北方之卦也勞卦也萬物之所歸也故曰勞乎坎艮東北之卦也萬物之所成終而所成始也故曰成言乎艮」讀此則八卦方位不必有圖而亦瞭然矣。

視圖坤雖未言方位以類推之其位西南可知恐文有錯簡也先子周易易解云「此節聖人南面而聽天下三句全文氣不貫疑漢人竄入也」祖緜嘗攷初學記二十五引風俗通。

南
方離

秋正兌

西南坤

東南巽

東方震

北正坎

東北艮

西北乾

「夫火者南方陽光耀爲明聖人嚮之而治取其象也」應
氏未言引易坤鑒時事篇「天子南面而聽天下嚮明而治
蓋取諸離天之道也月正聽朝國家之大事也宜正其儀以
奏曰孔子曰乾元用九而天下治聖人南面蓋取諸離斯誠
天子所宜協陰陽致麟鳳之道矣則聖人南面蓋取諸離」
集解引其注惟其文是否在此節亦不能證也蔡邕明堂月
荀氏亦未言引易吳志虞翻傳注引翻別傳「翻

令論。「明堂者大子太廟所以宗祀其主以配上帝者也夏后氏曰世室殷人曰重屋周人
曰明堂東曰青陽南曰明堂西曰總章北曰玄堂中央曰太室易曰離也者明也南方之卦
也聖人南面而聽天下嚮明而治人君之位莫正於此爲故雖有五名而主以明堂也」近
出漢熹平石經周易殘石猶存此文嚮亦作鄉與邕文同此三句邕定石經時亦未能訂證
之也以此例彼則坤方位其爲脫簡復無疑近人以爲坤無方位實不知舉一反三之意耳
初學記二引易說曰「坤西南主立秋」京房易占曰「坤西南主立秋」是明證

四　九宮之數

九宮之方位即洛書之方位上章已言之矣。乾鑿度曰。「太一取其數以行九宮」九宮重

二	七	六
九	五	一
四	三	八

在數可知。大戴禮盛德篇載明堂說言其數曰「二九四。七五三。六一八」其數如下圖

視圖以洛書方位參觀之二字爲坤。九字爲離。四字爲巽、七字爲兌。五字爲皇極三字爲震、六字爲乾、一字爲坎、八字爲艮。可推知之矣。惟洛書顯未明言中五。而中五亦隱然在中矣。乾鑿度謂四正四維皆合十五。一九三七者四正也。二八四六者四維也。然非五無以顯十五之數。非五無以致十五之用。故九宮重在五者此也。繫辭傳曰「天一地二天三地四天五地六天七地八天九地十」又曰「天數五。地數五。五位相得而各有合。天數二十有五。地數三十凡天地之數五十有五。此所以成變化而行鬼神也」則一二三四五六七八九十之數。九疇之所以成也。中五者即大衍之數。在洪範謂之皇極古人以大極與太一太乙爲一事大誤也。禮運曰「禮始于大一始者事之始也」凡數始于一。坎數一。則太一者坎也。呂氏春秋大樂篇云。「太一生兩儀」以太一誤爲太極矣。淮南子本經訓云「帝者體太一」亦以太一爲太極矣。蓋當時作者未察誤以極與一乙普通以爲太極即太一。亦不知三一爲太極矣。在卦未畫之前。太一太乙在卦已畫之後。如是則界限方清。坎數一。則者義各有別。太極者

太一坎也震卦三氣有乙則太乙震氣也五行大義「引黃帝九宮經云太一之始。始于坎

宮」又曰「太一在坎宮」此明證也古者以太一為坎宮太乙為震太玄為離太白為兌明

乎此則知極與一乙之別矣子華子大道篇曰「五居中宮以制萬物…中略…是以二與

四抱九而上躋也六與八蹈一而下沉也載九而履一據三而持七五居中宮數居所由生。

一從一橫數之所由成故曰天地之數莫過乎五莫中乎五通乎此則條達而無礙者也」

二與四抱九而上躋者即大戴禮所謂二九四也六與八蹈一而下沉者即大戴禮所謂六

一八戴九而履一者即離坎相貟指南北也載三而持七者即震兌相對指東西也以據

三而持七五據中宮連讀之即大戴禮所謂七五三也則九

宮之數自明。

楊雄太玄經曰「一與六共宗二與七共朋三與八成友四

與九同道五與五相守」所謂宗所謂朋所謂友所謂道所

謂守皆指五也所謂共所謂同所謂成所謂相皆指五與其

他諸數之運用也列圖如下。

一六共宗者即乾六減五為一坎一加五為六也二七共朋

嗣言月刊　第五十三期

者。即兌七減五爲二。坤二加五爲七也。三八成友者。即艮八減五爲三。震三加五爲八也。四

九同道者。即離九減五爲四。巽四加五爲九也。五五相守者。即等於零也。或作五十同途

　　五　論中五

樂緯云「象天心定禮樂。」六韜王翼篇云。「天文三人主司星曆候風氣推時日考符驗。

校災異知天心去就之機。」所謂天心即中五也管子幼官篇暨幼官圖云中方本圖云「一

五和時節君服黃色…用五數飲於黃后之井…發善必審於密執威必明於中此居圖方

中」易傳云「退藏於密」宋儒以密爲中五今之治漢學者以爲不典而不知出此抑何

陋也子華子陽城胥渠問云「上赤之象其宮成離下黑之象其宮成坎夫兩端之所以平

者以中存乎其間故也中名未立兩端不形是以坎離幹乎中氣中天地而立生生萬物新

新而不窮」鶡冠子王鐵篇云「天用四時地用五行天子執一以居中央」淮南子天文

篇曰「黃者土德之色」論衡驗符篇云。「黃爲土色位在中央」又云「孝武孝宣時黃

龍皆出黃龍比出於茲爲四漢竟土德也賈誼創議於文帝之朝云漢色當尚黃數以五爲

名賈誼智囊之臣云云色黃數五土德審也」古人言中五者甚多茲言其概九宮之關鍵皆

在中五洪範以皇極名之皇大也皇極即大極也較之他書定名爲勝。

六　九宮之立成

中五既明。夫然後可知九宮之立成。論語所謂五十學易是也。五與十為何物。皇侃疏已發

其端。史記五十作彬彬。彬彬者備也。說文彬作份。文質備也。是數之備莫備於五十。故彬彬

卽五十之意。句咸論語注「彬彬文質相半之貌也。」後漢書馮衍傳注引鄭注「彬彬雜

半貌。所謂半者卽一九也。二八也。三七也。四六也。在五立極之外皆雜半也。易曰玄黃者天

地之雜也。雜訓合。蓋一九也。二八也。三七也。四六也分則備半合則備。故史記作彬彬者亦五

十之意。術義詳下論。游宮乾鑿度云「易一陰一陽合而為十五之謂道」又云「故太一

取其數以行九宮。四正四維皆合於十五。」鄭玄注云「太一者北辰

（原書鄭注似有脫簡今參後漢書張衡傳注引鄭說。）

神名也。下行八卦之宮。每四乃還於中央。中央者北辰之所居。故謂之九宮。天數大分以陽

出以陰入。陽起於子。陰起於午。是以太一下九宮從坎宮始。自此而從於坤宮。又自此而從

於震宮。又自此而從於巽宮。所行半矣。還息於中央之宮。既又自此而從於乾宮。又自此而從

從於兌宮。又自此而從於艮宮。又自此而從於離宮。行則周矣。上游息於太一。天一下行九宮從坎宮始。卽數

紫宮。行從坎宮始。終於離宮」據此可知中央之宮為皇極。太一下行九宮從坎宮始。卽數

起于一則太一為坎也。如此飛宮之法漢時已行之。所謂九宮者。終於離宮。復從坎宮始。離

九坎一也。陽起於子者子在坎宮。坎爲陽其數一。故曰起於子。陰起於午者午在離宮。離爲陰。故曰起於午至於四正四維皆合於十五者列圖如下。

坤二	兌七	乾六
離九	中五	坎一
巽四	震三	艮八

橫式
$$2+9+4=15$$
$$7+5+3=15$$
$$6+1+8=15$$

縱式
$$2+7+6=15$$
$$9+5+1=15$$
$$4+3+8=15$$

交式
$$4+5+6=15$$
$$2+5+8=15$$

又四維乾巽艮坤
$$6+1+7=14$$
$$4+3+9=16$$
$$8+3+1=12$$
$$2+7+9=18$$

上下縱橫八組相加之數爲十五。如離九巽四坎二相加爲十五。寫成 $9+4+2=15$。

以公式觀之。在四維其數根仍爲二四六八之偶數。如乾宮之和爲十四去十不用得四。即巽宮之和爲十六去十得六。即乾六也。巽宮之和爲十二去十得二。即坤二也。坤宮之和爲十八。即艮八也。其數乾巽互易。坤艮互易。即逆數也。與中五皆合於十五也。如式縱橫交三者皆合於十五。則五十學易之說可以明矣。鶡冠子泰鴻篇云「泰一者執大同之制。調泰鴻之氣。正神明之位者也。故九星之受傳以索其然之所生。傳謂之天地之所始。傳謂之道。傳謂之聖人。聖人之道與神明相得。故曰道德郁始窮。初得齊之所出九星殊制。而政莫不效爲。故曰泰一。」其說以九宮。

為九皇以泰鴻為中五。泰一為郡始窮初則為坎一矣然其說窈窈冥冥淺人讀之不能得

其真諦實言四正四維皆合於十五也。

孜歐美有玄妙方形圖（Das magische Quadrat, magic square）相傳其圖來自印度。

縱橫交式相加亦為十五其圖如下。

●

2	7	6
9	5	1
4	3	8

上圖可分上下縱橫共八組。

$2+7+6=15$
$9+5+1=15$) 橫式
$4+3+8=15$

$6+1+8=15$
$2+9+4=15$) 縱式
$7+5+3=15$

$2+5+8=15$
$6+5+4=15$) 交式

玄妙方形圖與中五立成圖相比較則玄妙方形之橫式即中五之縱式。玄妙方形圖之縱式即中五之橫式交式四維式與中五相同。

心一堂術數古籍珍本叢刊 理數類 沈氏玄空遺珍

$$6+1+7=14$$
$$4+3+9=16$$
$$8+3+1=12$$
$$2+7+9=18$$

四維式

中五立成圖可變爲三圖列排如下。

圖一

2	7	6
9	5	1
4	3	8

圖二

6	1	8
7	5	3
2	9	4

圖三

8	3	4
1	5	9
6	7	2

圖四

4	9	2
3	5	7
8	1	6

圖一爲玄妙方形圖即三乘圖四去十不用所得數也。如三乘一則坎宮爲三，三乘八爲二十四去二十不用艮宮四也，三乘三爲九震宮九也，三乘四爲十二去十不用得二巽宮二也。三乘九爲二十七去二十不用得七離宮七也，三乘二爲六坤宮六也，三乘七爲二十一去二十不用得一兌宮一也，三乘六爲十八去十不用得八乾宮八也。由此可知玄妙方形圖即中五立成也。圖二爲九乘圖四去十不用所得之數也，亦即五入中逆行圖。圖三爲七乘圖四去十不用所得之數也。圖四爲九宮之數。惟其組織及去十不用之原理恐西人未知之耳。

九宮撰略　　　　沈紱民

（二）

七　論中十。

洛書之數四十有五。繫辭所謂「天數二十有五。地數三十。天地之數五十有五。」是兼己十言也。與漢書律歷志「以五乘十為大衍之數」數同而理異也。蓋大衍之數周流六虛者為五十。用則四十有九。洛書加以己十。即天十也方合天地之數。是一言數。一言用。數與用有別焉。廣成子曰「今夫百昌皆生於土而反於上」夫土生之者五也。反之者十也。周禮地官媒氏疏「引鄭玄注云天地之數備於十」故非十。無以形天地之數何以故如下圖。

二	九	四
七	五	三
六	一	八

以十減之如下圖

八	三	四
一	五	九
六	七	二

視圖其數適於九宮之數相反。故曰而反於土通卦驗云。「八卦變象。皆在乎已」已十也。

即中十之數在易謂之逆數說卦傳曰「水火相逮雷風不相悖山澤通氣然後變化既成萬物也」此與上文「天地定位山澤通氣雷風相薄水火不相射」文似而理異蓋後者言逆數自來註易者惟崔憬發其端因水火相逮即一九也由一行九故曰相逮雷風不相悖即三四也由三行四也故曰不相悖山澤通氣八七也由八行七故曰通氣與天地定位一章八卦相錯者實不相同。

九乘九宮之數與十減四正四維之數相等。蓋九者數之終故得逆數其用始備今人呼戊五已十出參同契之戊己中宮也又漢人言五六天地之中合言十日也（即十干）如甲一。乙二丙三丁四戊五已六庚七辛八壬九癸十是言十日之次第與九宮致用者異也不可混而為一。

八　參兩之數

說卦傳曰「參天兩地而倚數」天者奇。地者偶奇者一三七九也。偶者二四六八也。將奇偶分而為二然後合之則九宮成立之數可推而知矣。

甲　奇數

如圖即參天之數也。天指奇數始於一一者奇數之母也。將一而參之三也。將三而參之九也。將九而參之二十七也。將二十七而參之八十一也。將八十一而參之二百四十三也。去二百四十不用三也。以此類推周而復始至無窮數。

其根終不能離一三九七原數如下圖。

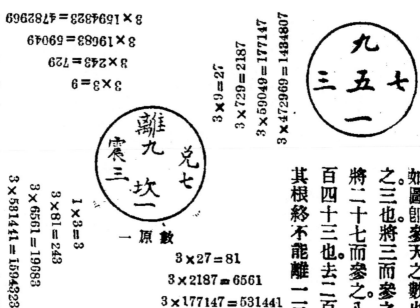

$$3 \times 3 = 9$$
$$3 \times 9 = 27$$
$$3 \times 729 = 2187$$
$$3 \times 59049 = 177147$$
$$3 \times 472969 = 1484807$$
$$3 \times 19683 = 59049$$
$$3 \times 243 = 729$$
$$3 \times 1594323 = 4782969$$

一原數

$$1 \times 3 = 3$$
$$3 \times 81 = 243$$
$$3 \times 6561 = 19683$$
$$3 \times 27 = 81$$
$$3 \times 2187 = 6561$$
$$3 \times 177147 = 531441$$
$$3 \times 581441 = 1594323$$

乾鑿度云。「易變而為一。一變而為七。七變而為九。九者氣變之究也。乃復變而為一」是由坎而兌由兌而離。原文中脫由離而震由震而坎二事也。易云參天之參即今數學之乘三意。以一三九七之數以一乘奇數仍為原數。復以一三九七之數以一乘奇數如下圖。三乘奇數如下圖。

心一堂術數古籍珍本叢刊 理數類 沈氏玄空遺珍

$$9 \times 3 = 27$$

$$7 \times 3 = 21$$

$$3 \times 3 = 9$$

$$1 \times 3 = 3$$

則坎方爲三。震爲九。離爲二十七去二十得七。兌方爲二十一去二十得一。仍爲一三九七原數。

復以九乘奇數如下圖。

$$9 \times 9 = 81$$

$$7 \times 9 = 63$$

$$3 \times 9 = 27$$

$$1 \times 9 = 9$$

則坎方爲九。震方爲二十七去二十得七。離方爲八十一去八十得一。兌方爲六十三去六十得三。仍爲一三九七原數。

再以七乘奇數如下圖。

$7 \times 7 = 49$

$9 \times 7 = 63$

九
七
三
一

$1 \times 7 = 7$

$3 \times 7 = 21$

二	
四	六
	八

則坎方爲七。震方爲二十一去二十得一。離方爲六十三去六十得三。兌方爲四十九去四十得九。仍爲一三九七原數。

觀以上各圖雖四正之位得數各有不同。然不能出一三九七之奇數也。

乙　偶數

如圖即兩地之數。地指偶數始於二二者偶數之母也。將二而兩之四也。將四而兩之八也。將八而兩之十六也去十不用六也。將十六而兩之三十二也去三十不用二也。以此類推周而復始至無窮數終不離二四六八原數如下圖。

4×2＝8　　2×2=4　2×8192=16384

2×512=1624　　　　2×4096＝8192

四	二
八	六

2×32=64　　　　2×256=512

2×2=4　　　　2×16=32

8×2=16　6×2=12

二原數

巽四	坤二
艮八	乾六

2×4=8　　　2×8=16

2×64=128　　2×128=256

2×1024=2048　2×2040=4096

2×16384=32768　2×32768=65536

易云兩地之數。即今之數學乘兩意。復以二四六八之數以二乘之結果仍為原數以二乘偶數如下圖。

一復以四乘偶數。如下圖。

則坤方為四。巽方為八。艮方為十六去十得六乾方為十二去十得二仍為二四八六原數。

4×4=16　2×4=8

四	六
八	二

8×4=32　6×4=24

則坤方爲八。巽方爲十六，去十得六。乾方爲二十四，去二十得四。艮方爲三十二，去三十得二。仍爲二四八六原數。

復以八乘偶數如下圖。

4×8=32　2×8=16

四	二
八	六

8×8=64　×8=48

則坤方爲十六，去十得六。巽方爲三十二，去三十得二。艮方爲六十四，去六十得四。乾方爲四十八，去四十得八。仍爲二四六八原數。

復以六乘偶數如下圖。

4×6=24　2×6=12

四	二
八	六

8×6=48　6×6=36

則坤方爲十二，去十得二。巽方爲二十四，去二十得四。艮方爲四十八，去四十得八。乾方爲三十六，去三十得六。仍爲二四八六原數。

心一堂術數古籍珍本叢刊　理數類　沈氏玄空遺珍

觀以上各圖四維之位得數各有不同然不能出二四八六之偶數也其說宋儒趙汝楳

已言之。

丙　奇偶互乘

奇數變偶數偶數變奇數。即近代微積分函數變化者也知二爲偶數。二爲偶數乘奇數如下圖。

$$9 \times ' = 18$$

$$7 \times 2 = 14$$

九　七
二　一

$$3 \times 2 = 6$$

$$1 \times ' = 2$$

坎方爲二。震方爲六。離方爲十八去十得八兌方爲十四去十得四所得之數爲二六八四偶數。

四爲偶數乘奇數如下圖。

七×四＝28
9×4＝36

$$7 \times 4 = 28$$
$$9 \times 4 = 36$$

（右圓：九　七　二　一　三）

3×4＝12
1×4＝4

坎方為四。震方為十二去十得二。離方為三十六去三十得六。兌方為二十八去二十得八。所得之數為四二六八偶數。

八為偶數乘奇數如下圖。

9×8＝72
7×8＝56

（左圓：九　七　一　三　二）

3×8＝24
1×8＝8

坎方為八。震方為二十四去二十得四。離方為七十二去七十得二。兌方為五十六去五十得六。所得之數為八四二六偶數。

六為偶數乘奇數如下圖。

$$9 \times 6 = 54$$

$$7 \times 6 = 42$$

九
七
三
一

$$1 \times 6 = 6$$

坎方爲六。震方爲十八去十得八。離方五十四去五十得四。兌方四十二去四十得二。所得之數爲六八四二偶數。

如一爲奇數乘偶數仍爲原數。

$$3 \times 2 = 6$$
$$3 \times 4 = 12$$

$$3 \times 6 = 18$$

二	四
六	八

$$3 \times 6 = 18$$
$$3 \times 8 = 24$$

三爲奇數乘偶數。如下圖。

則坤方爲六。巽方爲十二去十得二。艮方爲二十四去二十得四。乾方爲十八去十得八。所得數爲六二四八。

九爲奇數乘偶數如下圖。

心一堂術數古籍珍本叢刊　理數類　沈氏玄空遺珍

$4\times9＝36$　　$2\times9＝18$

四	二
八	六

$8\times9＝72$　　$8\times9＝54$

則坤方爲十八去十得八巽方爲三十六去三十得六艮方爲七十
二去七十得二乾方爲五十四去五十得四所得數爲八六二四。

七爲奇數乘偶數如下圖。

$7\times4＝28$　　$7\times2＝14$

四	二
八	六

$7\times8＝56$　　$7\times6＝42$

則坤方爲十四去十得四巽方爲二十八去二十得八艮方爲五十
六去五十得六乾方爲四十二去四十得二所得數爲四八六二。

觀以上甲乙丙三者以奇乘奇得奇數。以偶乘偶得偶數。以偶乘奇得偶數。可見以奇乘偶
亦得偶數。如九乘九宮各數即爲九宮逆數與九宮數互合十也。以三七兩數各乘九宮數。
互合十也二八與四六亦然孔子家語執轡篇云「子夏問於孔子曰商聞易之生人及萬

心一堂術數古籍珍本叢刊　理數類　沈氏玄空遺珍

物鳥獸昆蟲各有奇耦。氣分不同。而凡人莫知其情。唯達德者能原其本焉。天一地二人三。三三爲九。九九八十一。一主日。日數十。故人十月而生。八九七十二。偶以從奇。奇主辰。辰爲月。月主馬。故馬爲十二月而生。七九六十三。三主斗。斗主狗。故狗三月而生。六九五十四。四主時。時主豕。故豕四月而生。五九四十五。五爲音。音主猿。故猿五月而生。四九三十六。六主律。律主鹿。故鹿六月而生。三九二十七。七主星。星主虎。故虎七月而生。二九一十八。八主風。風主蟲。故蟲八日而生。其餘各從其類矣。淮南子地形篇說同。漢人言易者皆主此說。卽九乘九宮各數。去十不用是也。惟文中「三三爲九」句下有脫字。

九　論游宮

游宮者。非中五之位。乃一二三四六七八九入中者是也。九宮以變通爲主。繫傳曰「變通者趣時者也」。五在中者。卽洪範之皇極。一二三四六七八九諸字在中者。卽洪範所謂民極。其理在「會其有極。歸其有極」八字之中。亦卽禮所謂民。詩所謂四方之極是也。詩鄭箋「極中也」。其義與中庸曰「天命之謂性。率性之謂道」。又曰「致中和。天地位焉。萬物育焉」。治宋學者性與道解釋多不分明。又以中爲無極。以和爲太極。其說殊誤。易曰「易有太極」。太極卽性也。又云「太極生兩儀」。又云「一陰一陽之謂道」。兩儀太極所生。卽一極。

陰一陽。陰陽和。然後萬物生。陽善陰惡。是指孤陽獨陰也。陰陽能致中和。始可謂之道古人

性善性惡性無分於善不善之三說皆未明率性之理也。中和兩字。中庸云「中也者天下

之大本也和也者天下之達道也」是大本為立極達道為對待無疑義若由虞課實在九

宮論中也者。即五入中之謂也和也者。即二八一七四六一九入中之謂也子華子陽城胥

渠問曰「上決而成天下決而成地既已決也命之曰中決必有所合也命之曰和中和立

同萬物化生天是之謂三三六六」是言五入中謂之中一二三四六七八九入中者謂之

和三三者九也六六者三十六也四除三十六亦九也歇冠子環流篇云「陰陽不同氣然

其和同也」淮南子主術訓云「明堂之制有蓋而無四方風雨不能襲寒暑不能傷遷延、

而入之養民以公其民樸重端愨不忿爭而財足不勞形而功成因天地之資而與之和同。

一」所謂和同者即變通之謂也知其變通則消息盈虛之理盡之矣。

洪範所謂皇極民極者即九變之謂也漢書武帝紀云「元朔元年詔曰朕聞天地不變。不

成施化陰陽不變物不暢茂易曰通其變使民不倦詩云九變復貫知言之變」此九變即

游宮之明證也惟當知變雖九。而變之錯綜僅有五而已所謂五者。一曰五入中。二曰一與

九入中。三曰二與八入中。四曰三與七入中。五曰四與六入中如下說。

甲　一九、

一九即坎離坎一離九合而爲十也觀一在中之圖與九在中之圖合參之即流轉之理始明。

一在中其圖如下。

坤七	兌三	乾二
離五	中一	坎六
巽九	震八	艮四

圖　一

中一與坎六合成一六共宗。

$$7+5+9=21$$
$$3=1+8=12$$
$$2+6+4=12$$
橫式

$$7+3+2=12$$
$$6+1+6=12$$
$$9+8+4=21$$
縱式

$$7+1+4=12$$
$$2+1+9=12$$
交式

$$2+3+6=11$$
$$9+5+8=22$$
$$4+8+6=18$$
$$7+3+5=15$$
四維

其數爲十二三十一至四維則二奇二偶。

九在中其圖如下。

坤六	離四	巽八
兌二	中九	震七
乾一	坎五	艮三

圖二

中九與離四合成四九爲友。

$6+4+8=18$
$2+9+7=18$
$1+5+3=19$ } 橫式

$6+2+1=9$
$4+9+5=18$
$8+7+3=18$ } 縱式

$6+9+3=18$
$1+9+8=18$
$1+2+5=8$ } 交式

$8+7+4=19$
$3+5+7=15$
$6+4+2=12$ } 四維

其數爲九十八。至四則制二奇二偶。

一在中之數與九入中之數其參伍錯綜如。

圖一第一橫式與圖二第三橫式相加爲三十
圖一第二橫式與圖二第二橫式相加爲三十
圖一第三橫式與圖二第一橫式相加爲三十

圖一第一縱式與圖二第三縱式相加爲三十

圖一第二縱式與圖二第二縱式相加爲三十

圖一第三縱式與圖二第一縱式相加爲三十

圖一坎交式與圖二坎交式相加爲三十

圖一巽交式與圖二巽交式相加爲三十

圖一乾維與圖二巽維相加爲三十

圖一巽維與圖二乾維相加爲三十

圖一艮維與圖二坤維相加爲三十

圖一坤維與圖二艮維相加爲三十

以上和皆爲三十折半爲十五其關鍵仍在逆數之作用亦即己十之作用也。

如一在中之圖與九在中逆數之圖加之其數皆十也。

七	五	九
三	一	八
二	六	四

三	五	一
七	九	二
八	四	六

上圖坎六與下圖坎四相加爲十。上圖離五與下圖離五相加爲十。餘類推可知。

如九在中之圖與一在中逆數之圖加之其數亦十。

六	二	一
四	九	五
八	七	三

四	八	九
六	一	五
二	三	七

例同上。

觀上四圖可悟己十之理。

乙 二八

悟二在中之圖如下。

二八即坤艮坤二艮八亦合十也觀二在中之圖與八在中之圖合參之流轉之功用始

坤八一	兌四	乾三
離六	中二	坎七
巽七	震九	艮五

三圖

中二與坎七合成二七共朋。

1+6+8=15
9+2+4=15
6+7+3=16
橫式

8+4+3=16
6+2+7=15
1+9+5=15
縱式

8+2+5=15
1+2+3=6
交式

3+4+7=14
1+6+9=16
5+9+7=21
8+6+4=18
四維

其數爲六十五至四維一奇三偶。

八在中其圖如下。

坤五	兌一	乾九
離三	中八	坎四
巽七	震六	艮二

圖　四

中八與離三合成三八成友。

7+3+5=15
6+8+1=15
2+4+9=15
橫式

5+1+9=16
3+8+4=15
7+6+2=15
縱式

5+8+2=15
7+8+9=24
交式

9+1+4=14
7+6+3=16
2+4+6=12
5+3+1=9
四維

其數爲十五二十四至四維爲一奇二偶。

二圖其參伍錯綜如下。

圖三第一橫式與圖四第三橫式相加爲三十

圖三第二橫式與圖四第二橫式相加爲三十

圖三第三橫式與圖四第一橫式相加爲三十

圖三第一縱式與圖四第三縱式相加爲三十

圖三第二縱式與圖四第二縱式相加爲三十

圖三第三縱式與圖四第一縱式相加爲三十

圖三坤交式與圖四坤交式相加爲三十

圖三巽交式與圖四巽交式相加爲三十

圖三乾維與圖四巽維相加爲三十

圖三巽維與圖四乾維相加爲三十

圖三艮維與圖四坤維相加爲三十

圖三坤維與圖四艮維相加爲三十

以上利爲三十。折半數十五。其關鍵仍在逆數之作用。亦已二十之作用也。

如二在中之圖。與八在中逆數之圖合參之。當知其理矣。

八	四	三
六	二	七
一	九	五

二	六	七
四	八	三
九	一	五

例同一九二圖合十。

如八在中之圖。與二在中逆數之圖加之。其數亦合十。

五	一	九
三	八	四
七	六	二

五	九	一
七	二	六
三	四	八

例同上。

觀以上各圖。可知二八合十之功用。

丙　三七

三七即震兌震兌三兌七合而爲十也。三在中之圖與七在中之圖合參之。則流轉之理始明也。

三在中圖在下。

坤九	兌五	乾四
離七	中三	坎八
巽二	震一	艮六

五圖

中三與坎八合成三八成友。

橫式
2+7+9=18
1+3+5=9
6+8+4=18

縱式
9+5+4=18
7+3+8=18
2+1+6=9

交式
9+8+6=18
2+3+4=9
4+5+8=17

四維
2+7+1=10
6+1+8=15
9+6+7=21

其數為九十八。四維為三奇一偶。而其數與九入中之數同因三為九之三倍數。故其數中有九也。

七在中之圖如下。

坤四	兌九	乾八
離二	中七	坎三
巽六	震五	艮一

六圖

中七與(離)一合成二七同道。

$$6+2+4=12$$
$$5+7+9=21$$
$$1+3+8=12$$
橫式

$$4+9+8=21$$
$$2+7+3=12$$
$$6+5+1=12$$
縱式

$$4+7+1=12$$
$$6+7+8=21$$
$$8+3+9=20$$
交式

$$6+5+2=13$$
$$1+6+3=9$$
$$4+2+9=15$$
四維

其數為十二二十一。與一入中之數相同因三七為二十一。故其數中有二十一也。至

四維則三奇一偶。

一二圖其參伍錯綜如下

圖五第一橫式與圖六第三橫式相加為三十
圖五第二橫式六圖六第二橫式相加為三十
圖五第三橫式與圖六第一橫式相加為三十
圖五第一縱式與圖六第三縱式相加為三十
圖五第二縱式與圖六第二縱式相加為三十
圖五第三縱式與圖六第一縱式相加為三十

圖五坤交戈式與圖六坤交戈式相加為三十

圖五巽交戈式與圖六巽交戈式相加為三十（

圖五乾維與圖六巽維相加為三十）

圖五巽維與圖六乾維相加為三十

圖五艮維與圖六坤維相加為三十

圖五坤維與圖六艮維相加為三十

以上和皆三十折半十五其關鍵仍在逆數之作用。如三在中順行。與七在中逆行加之。

所得者為十如下圖。

九	五	四
七	三	八
二	一	六

一	五	六
三	七	二
八	九	四

例同上。

如七在中之圖。與三在中逆數圖相加。其數亦十。如下。

心一堂術數古籍珍本叢刊 理數類 沈氏玄空遺珍

四	九	八
二	七	三
六	五	一

六	一	二
八	三	七
四	五	九

例同上。

觀以上各圖可知己十之理。

四六即巽乾。巽四乾六合而爲十也。觀四在中之圖。與六在中之圖合參之當悟其流轉之理。

丁　四六

四在中其圖見下。

坤一	兌六	乾五
離八	中四	坎九
巽三	震二	艮七

七圖

中四與坎九合成四九同道。

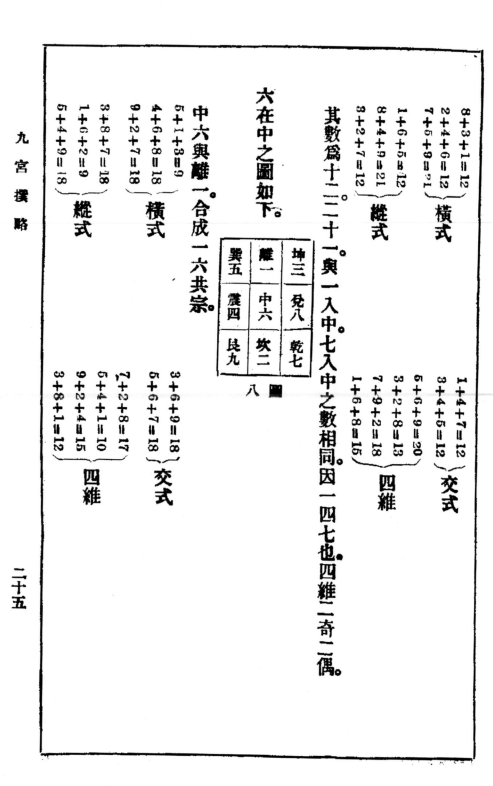

8+3+1=12
2+4+6=12
7+5+9=21 ｝横式

1+6+5=12
8+4+9=21
3+2+7=12 ｝縱式

六在中之圖如下。

其數爲十二二十一與一入中七入中之數相同因一四七也四維二奇二偶。

坤三	兌八	乾七
離一	中六	坎二
巽五	震四	艮九

八 圖

1+4+7=12
3+4+5=12 ｝交式

5+6+9=20
3+2+8=13
7+9+2=18
1+6+8=15 ｝四維

中六與離一合成一六共宗。

5+1+3=9
4+6+8=18
9+2+7=18 ｝横式

3+8+7=18
1+6+2=9
5+4+9=18 ｝縱式

3+6+9=18
5+6+7=18 ｝交式

7+2+8=17
5+4+1=10
9+2+4=15
3+8+1=12 ｝四維

其數爲九十八。與三在中。九在中之數相同因三六九也。四維則二奇二偶。

二圖其參伍錯綜如下。

圖七第一橫式與圖八第三橫式相加爲三十

圖七第二橫式與圖八第二橫式相加爲三十

圖七第三橫式與圖八第一、橫式相加爲三十

圖七第一縱式與圖八第三縱式相加爲三十

圖七第二縱式與圖八第二縱式相加爲三十

圖七第三縱式與圖八第一縱式相加爲三十

圖七坤交式與圖八坤交式相加爲三十

圖七巽交式與圖八巽交式相加爲三十

圖七乾維與圖八巽維相加爲三十

圖七巽維與圖八乾維相加爲三十

圖七艮維與圖八坤維相加爲三十

圖七坤維與圖八艮維相加爲三十

以上和亦三十。折半十五。其關鍵在逆數己十之作用。

四在中順行與六在中逆行加之其數爲十。

一	六	五
八	四	九
三	二	七

九	四	五
二	六	一
七	八	三

例同上。

六在中之數。與四在中逆數相加。亦爲十也。

三	八	七
一	六	二
五	四	九

七	二	三
九	四	八
五	六	一

例同上。

觀此當能知四六合十之功用矣。

綜觀以上諸圖九宮之總數將橫縱交數。四維數相加。每宮皆爲一百八十。即易三百又六十之半數也。與易相輔而行可知矣。由此可悟五入中者謂之中一與九入中二與八入中。

三與七入中。四與六入中者。兩兩對照謂之和也。此由數推理憑器明道形上形下之說。不難示諸掌矣。

宋彭與自言於易有獨見處其易圖最多。有一圖謂之地中圖以六居中。縱橫十八以與河圖為對蓋河圖五居中左三右七戴九履一四二為前八六為後為天。中圖而地中圖則加一為六居中左八右四戴十履二五三為前九七為後是彭以漢書律歷志天之中數五五為聲地之中數六六為律唐一行歷本議天數中於五。地數中於六合二中以定律歷地中圖本之。其說非也。

太炎先生講演記錄五種 定價四元

制言社發售

九宮撰略

沈馭民

十　九宮之等差級數

（三）

九宮之變通各節。在上文已言其大意。至九宮之級數在四維始於八。終於二十二何也。二

數相加之數三十也。在橫縱交之數亦三十也。半之皆爲十五。

九宮之橫縱交。以數排列之得五數。即九。十二。十五。十八。二十一也。此五數在代數上名曰

等差級數。相差數爲三。初項爲九末項爲二十一。用代數如下。

$$S\ (總數) = 9+12+15+18+21$$
$$S = 21+18+15+12+ 9$$
（＋）
$$2S = 30+30+30+30+30$$
$$2S = S \times 30$$
$$2S = 150$$
$$r = 75$$

其和爲七十五。漢書律歷志云。「易云。參天兩地而倚數天之數始於一。終於二十有五。」

此七十五者爲二十有五之三倍三者即參天之數也。

九宮之四維共得十五數。以數排列之即八九。十。十一。十二。十三。十四。十五。十六。十七。十八。

心一堂術數古籍珍本叢刊　理數類　沈氏玄空遺珍

十九。二十。二十一。二十二也。此十五數亦爲等差級數。初項爲八。末項爲二十二相差數爲

一用代數式如下。

s（總數）　a代表初項　l代表末項　n代表項數

利用公式 $s = \dfrac{1}{2} n (l+1) = \dfrac{1}{2} \times 15 (8+22) = 225$

其和爲二百二十五相差數一者奇也天之數非地之數也漢書律歷志云「地之數始

於二終於三十」今將十五項數分爲二列奇一列偶一列其相差數爲二二者地數也偶

列爲八十二十四十六十八二十二十二用公式如下。

$s = \dfrac{1}{2} n (l+1) = \dfrac{1}{2} \times 8(8+22) = \dfrac{1}{2} \times 8 \times 30 = 120$

其數爲一百二十卽二百六十之三分之一也。

奇列爲九十一十三十五十七十九二十一。初項九末項二十一相差數二二亦地數也。

$s = 9+11+13+15+17+19+21$

$s = \dfrac{1}{2} \times 7(9+21) = \dfrac{1}{2} \times 7 \times 30 = 105$

其數爲二百零五與二百二十五加之卽三百六十週天之數也二百二十五以七十五除

之得三即參天數也。

橫縱交五數八、十二、二十五、六十八、二十一。此五數即五在中各宮之數。用表如下。

五級	21	6
21三級 四18	15三	3
二12級一9 二四24	3	24

一級為九，以三除之得三，三為參天之數不用。所得數三為五在中之原數。二級十二，以三除之得四，四為五在中巽之原數。三級十五，三除得五，五即五在中之五數也。四級十八，以三除六，六為乾宮之原數。餘類推可知。

四維數為八、九、十一、十二、二十三、四十五、十六、十七、十八、十九、二十、二十一。此等差級數亦五在中九宮之數也。惟排法與前者異，四維分為二組。

第一　排列如下。

坤12	兌17	乾16
離9	中15	坎11
巽14	震13	艮8

四維數　八、九、十一、十二、二十三、四十五、十六、十七、十八、十九、二十、二十一。十三、二十四、十五、十六、十七、十八、十九、二十、二十一。

去十不用。即五在中數也。

$$s = \frac{1}{2}n(a+1) = \frac{1}{2} \times 10(8+17) = 5 \times 25 = 125$$

數爲一百二十五。繫辭傳曰「天數五。地數五。五五二十有五。」再以五乘之。即得此數。

第二組排列如下。

坤22	兌17	乾16
離19	中15	坎21
巽14	震13	艮18

去十不用所得者即五在中之數也。

$$s = \frac{1}{2}n(a+1) = \frac{1}{2} \times 9(13+21) = \frac{1}{2} \times 9 \times 34 = 153$$

其數爲一百五十三減去二十。其數爲一百三十三。

一百五十三以五在中總數四十五減之得一百零八乘參天之數爲三百二十四。加三十

六三十六者太陽九太陰四。四九三十六也得三百六十。

十一。

九宮與八卦

管子輕重戊篇云。「虙戲作造六峜以迎陰陽作九九之數。以合天道而天下化之」後漢

書梅福傳「臣聞齊桓之世以九九見」師古曰「九九算術若今九章五曹之輩」魏

志劉廙傳注引戰國策云「有以九九求見齊桓公桓公不納其人曰九九小術而君納之

況大於九九者乎」可知九九即九章也劉徽九章算術序「昔在庖犧氏作九九之術以

合六爻之變」是九九者九宮也讀劉序知八卦九宮無差別然八卦六十四九宮八十有

一二者相較多十有七似二者各不相同若分條折理知其數同也多十有七者中央與四

維之作用也一去以下各圖中五之九數甲圖中爲大衍之數餘八爲上世卦八此八者皆

卦之重出者也二丙表謙剝二卦丁表小畜姤歸妹隨四卦戊表既濟未濟二卦共八卦亦

爲重出之卦其位皆在四維之中

甲。本宮上世卦。爲九宮原數即五入中而與五相遇者。

本宮上世卦者即乾爲天坤爲地震爲雷巽爲風坎爲水離爲火艮爲山兌爲澤其表如下。

一一坎。二二坤。三三震。四四巽。五五大衍。六六乾。七七兌。八八艮。九

九離。

巽四	離九	坤二
震三	五	兌七
艮八	坎一	乾六

心一堂術數古籍珍本叢刊 理數類 沈氏玄空遺珍

乙。

坎一離九 即一入中。與九入中與九宮原數相遇者。

七二	三七	二六
五九	坎一	六一
九四	八三	四八

五寄於坎

六二	二七	一六
四九	離九	五一
八四	七三	三八

五寄於離

離		坎	
三七臨坤二世	四九家人巽二世	七二萃兌二世	九四鼎離二世
五一未濟離三世	六二否乾三世	五九既濟坎三世	二六泰坤三世
三八小過兌游魂	一六需坤游魂	八三頤巽游魂	六一訟離游魂
七三隨震歸魂	八四蠱巽歸魂	三七歸妹兌歸魂	四八漸艮歸魂

丙。

坤二艮八 即二入中與八入中與九宮原數相遇者。

八二	四七	三六
六九	坤二	七一
一四	九三	五八

五寄於坤

五二	一七	九六
三九	艮八	四一
七四	六三	二八

五寄於艮

乾坤鑿度以艮坤為生死之門。故五世謙剝重出。

丁。三震七兌。 即三入中與七入中。與九宮原數相遇者。

三震七兌

坤	艮
七一困兌一世	一七節坎一世
三六大壯坤四世	六三无妄巽四世
九三噬嗑巽五世 八一井震五世	三九豐坎五世 四一渙離五世 二八謙兌五世
四七中孚艮游魂	七四大過震游魂
六九同人離歸魂	九六大有乾歸魂

九二五七 四六
七九二五 八一　震
二四一三 六八

五寄於震

四二九七 八六
二九七五 三一
六四五三 一八

五寄於兌

震	兌
四六小畜巽一世 六八遯乾二世　重出	六四姤乾一世　重出
一三屯坎二世	八六大畜艮二世 一八蹇兌四世
七九革坎四世	九七睽艮四世
九二晉乾游魂	二七明夷坎游魂
五七歸妹兌歸魂　重出	五三隨震歸魂　重出

戌。

四巽六乾　卽四入中與六入中與九宮原數相遇者。

一二	六七	五六
八九	四五	九一
三四	二三	七八

五寄於巽

三二	八七	七六
一九	六五	二一
五四	四三	九八

五寄於乾

巽	乾
五六小畜巽一世	三二豫震一世
二三復坤一世	五四姤乾一世
八九賁艮一世	九八旅離一世
九一未濟離三世	一九既濟坎三世
七八咸兌三世	八七損艮三世
三四恆震三世	四三蠱巽三世
六七蠱艮五世	七六夬坤五世
一二比坤歸魂	三一師坎歸魂

既濟未濟與一九重出。

姤小畜既濟未濟剝謙歸妹隨為重出者。凡重出者皆四維而出因維者為陰施陽化之方。

四時之交故與四正之位異錄以上各圖觀之漢書五行志所謂八卦九章相為表裏者此也。

劉序所謂以合六爻之變者此也周易卦序皆從九宮而來不明九宮無以明序卦之理。

因文亢長刪之另著專論從可證明文王之易出於洛書不出於河圖也。

十二。論四方之色

汲冢周書小開武解「五行。一黑位水二赤位火三蒼位木四白位金五黃位土」又作雊解「其壞東青土（雊作青）。南赤土西白土北驪土中央叠以黃土」以北黑南赤東青西白中黃立說也。至壞四方之土字與五黃位土之土字異因壞置五色之土以狀東南西北中將四方中央之色以土色表而出之爾。

說卦傳以震爲正東。以離爲南兌爲正秋坎爲正北。以四時論則震春離夏兌秋坎冬禮記曲禮云「前朱雀而後玄武。左青龍而右白虎」前屬南其色朱後屬北其色玄左屬東其色青右屬西其色白是南朱北玄東青西白也。又初學記二十二引河圖曰「風后曰予告汝帝之五旗東方法青龍曰旗南方法赤鳥曰旗西方法白虎曰旗北方法玄枲曰旐中方法黃龍曰常」有色亦同。

管子幼官篇及幼官圖中方本圖云。「君服黃色」東方本圖云。「君服青色。」東方副圖云。「旗物尚青」南方本圖云。「君服赤色」南方副圖云。「旗物尚赤」西方本圖云。「君服白色」西方副圖云。「旗物尚白」北方本圖云。「君服黑色」北方副圖云。「旗物尚黑」又五行篇云。「昔黃帝以其緩急作五聲以政五鍾令其五鍾一曰青鍾大音二曰

赤鍾重心三曰黃鍾灑光四曰景鍾昧其明五曰黑鍾隱其常五聲既調然後作立五行以

正天時五官以正人位入與天調然後天地之美生」景鍾之景自也兩說與前同。

白虎通社稷篇引春秋傳曰「天子有太社焉東方青色南方赤色西方白色北方黑色」

其色與曲禮同。

墨子貴義篇曰「子墨子北之齊遇日者日者曰帝以今日殺黑龍於北方。而先生之色黃

不可以北子墨子不聽遂北至淄水不遂而反焉日者曰我謂先生不可以北子墨子曰南

之人不得北北之人不得南其色有黑者有白者何故皆不遂也且帝以甲乙殺青龍於東

方以丙丁殺赤龍於南方以庚辛殺白龍於西方以壬癸殺黑龍於北方以戊己殺黃龍於

中方。若用子之言則是禁天下之行者也」亦以東青南赤西白北黑中黃立說。

呂氏春秋孟冬紀云「天子居青陽左个」仲春紀云「天子居青陽太廟」季春紀云「

天子居青陽右个」夫青陽束也三紀皆云「乘鸞輅駕蒼龍載青旂衣青衣服青玉」淮南子時則訓調·「天子服青·乘蒼龍·服蒼龍·服青玉」蒼青同色是以春爲青也孟夏紀云「天子居明堂左个」仲夏紀云「

「天子居明堂太廟」季夏紀云「天子居明堂右个」夫明堂者其面南三紀皆云「乘朱輅駕赤驕載赤旂衣赤衣服赤玉」淮南子時則訓調·「乘亦朱赤色同是以夏爲朱也又季

十

夏紀云「中央土……天子居太廟太室，乘大輅，駕黃驪，載黃旂，衣黃服黃玉。」〔淮南子時則訓·服黃玉。一〕是以中央爲黃也。孟秋季云「天子居總章左个」〔淮南子時則訓·天子衣先視虎乘黃旗服黃玉。一〕仲秋紀云「天子居總章太廟」季秋紀云「天子居總章右个」夫總章者西也，三紀皆云「乘戎輅駕白輅載白旗衣白服白玉。」〔淮南子時則訓·天子衣白輅服白玉藏白旗。〕孟冬紀云「天子居玄堂左个」仲冬紀云「乘玄輅駕鐵驪載玄旂衣黑服玄玉」〔淮南子時則訓·「天子衣黑」一〕子居玄堂太廟」季冬紀云「天子居玄堂右个」夫玄堂者北也，三紀皆云「乘玄輅駕鐵驪載玄旂衣黑服玄玉」玄黑同色，是以冬爲黑也。

呂氏春秋名類篇云「黃帝之時，天先見大螾大螻，黃帝曰土氣勝，土氣勝故其色尚黃，其事則土。及禹之時，天先見草木秋冬不殺，禹曰木氣勝，木氣勝故其色尚青，其事則木。及湯之時，天先見金刃生於水，湯曰金氣勝，金氣勝故其色尚白，其事則金。及文王之時，天先見火，赤鳥銜丹書集于周社，文王曰火氣勝，火氣勝故其色尚赤，其事則火，代火者必將水，天且先見水氣勝，水氣勝故其色尚黑，其事則水，水氣至而不知數備，將從於土」此與鄒衍五德終始之說合。然四方之色則木青火赤金白水黑土黃也。

子華子陽城胥渠問云「太一正陽也，太玄正陰也，陽之正氣其名赤，陰之正氣其色黑。水先見水氣勝故其色尚黑，陽也而其伏爲陰，風陰也而其發爲陽，上赤下黑左青右白，黃潛於中宮，而五運流轉，故有

輪樞之象焉」又北宮意問。「夫心也五六之主也。精神之舍也。心之精爲火其氣爲離其

色赤其狀如覆連其神爲朱鳥其氣上通於舌肺之精爲木其氣爲震其狀如懸瓢。

其神爲蒼龍其氣上通於目肺之精爲金其氣爲兌其神爲伏虎其狀如懸磬其氣

上通於鼻腎之精爲水其氣爲坎其狀如覆缶其神爲玄龜其氣上通於耳脾之精

爲土其氣爲戊己其色黃其狀如介石其神爲鳳凰其狀如懸其氣上通於口是故脾腎心肝肺五官

之司口舌鼻耳目五官之候脾之藏意腎之藏精心之藏神肝之藏魂肺之藏魄金木水火

土五精之總也寒熱風燥濕五氣之聚也」是以東青南赤西白北黑中黃立說也

獨斷云「天子太社以五色土爲壇皇子封爲王者受大子之社土以所封之方色東方受

青南方受赤他如其方色」按以上諸說則冬青西白南赤北黑似無疑義。

參同契云「青赤白黑各居一方皆稟中宮戊己之功」是雖未言木青火赤金白水黑但

以其色之次序觀之則東南西北之四方無疑義。

十三。論九宮之色

九宮之色。不知始於何時。今人謂之紫白圖。有謂出於董仲舒三代改制質文篇。非也。董氏

以寅爲黑統。丑爲白統。予爲赤統。係襲鄒衍五德絡始之說。爾有謂始於北魏光北曆孜蕭

吉五行大義所載九宮之色與今圖合。蕭氏隋人。在正光之後其說差可信也。余家所藏宋紹興元年曆書年月月下均載其圖曰一白二黑三碧四綠五黃六白七赤八白九紫九紫之紫字見於鄭玄乾鑿度注今立圖如下。

四綠	三碧	八白
九紫	五黃	一白
二黑	七赤	六白

五黃之黃與諸家說同。一白諸家皆以為黑九紫朱與赤可通用七赤諸家說均以為白今日赤其說無可攷三碧諸家曰蒼碧字可通用以上據四正之位而言之參攷上文知一白七赤二者皆悖於理書之可參攷者惟神異記而已然其說多脫簡亦不可詳攷或術人無知妄立名目爾。

神異記中荒經云。「東方有宮。青石為牆。高三仞。左右闕高百尺盡以五色門有銀牓以青石碧鏤。題曰天地長男之宮。五色玄黃門有金牓而銀鏤。題曰天地少女之宮。西方有宮。白石為牆。門有金牓以銀鏤題曰天皇之宮。南方有宮。以赤石為牆。赤銅為門闕。中央有宮。以金為牆。門有有銀牓題曰天皇中女之宮。北方有宮。以黑石為牆。題曰中男之宮。

寫中男上。

育賤簡。

東南有宮。字東北艮是也。（按南誤係北艮是也故異色作黃。）黃石為牆。（按艮土氣也故異色作黃。）

題曰天地少男之宮。（少男按艮為少男。）西方有宮。（按西字下成有脫二字鍇初學記補下同。）黃銅為牆。（色赤黃土氣。）

按此句地亦育殷育殷簡地皇即坤也。

按此文脫簡甚多全文缺乾異二宮然其說為震青兌白中黃離赤坎黑艮

黃坤黃也其說與是類謀云「震氣不效倉帝之世離氣不效赤帝世坤氣不效黃帝世坎

氣不效黑帝世」乾異兌艮文有脫簡然坤為黃是可證也。

神異記中荒經又云「東方裔外有東明山有宮。（二字鍇初學記補。）以青石為牆。（色青，按東方色青。）南方裔外有岡明山有宮以赤

裔外有大夏山有宮。（二字鍇初學記補下同。）以金為牆。（按乾金。）石為牆。（色赤，按南方色赤屬離。）西方記按初學記三十

石為牆。（赤，按南方色。）西南裔外老壽山有宮以黃銅為牆。（坤為土色黃，按西南坤也。）東南裔外闓清山有宮

以青石為牆。（色青，按東南異也。）西北裔外西明山以白石為牆。（兌白，按西兌也。）東北有鬼星石

室三百戶共一門。石牓題曰鬼門。（按西北乾也。）西南銅關夾牓題曰人往門。東北銅

關夾門。題曰人來門。（按東北艮也。）」按此文亦有脫簡然可知震青兌白離赤坤黃巽青乾白綜

兩文觀之則九宮之色為震青巽青兌白乾白離赤坎黑中黃坤黃艮黃其說較古也。

十四　論古人誤解生成之數

生成之義古人論說實舛矣然最精者首推呂氏春秋貴公篇云「天地大矣生而弗子成

而弗有其義顯。餘說皆不足也。至其數墨子迎敵塙祠「敵以東方來。迎之東壇。壇高八尺。八八發而止將服必青其性以雞敵以南方來。迎之南壇。壇高七尺。（按八者三八為友。東方之氣也。）堂密八年八十者八人主祭青旗青神（按青神呂氏春秋孟春云。「其神句芒。」）長八尺者八弩。堂密七年七十者七人主祭赤旗赤神（按赤神呂氏春秋孟夏紀等云。「其神祝融。」）長七尺者七弩。七七發而止將服必赤其性以狗敵以西方來。迎之西壇。壇高九尺。（按九者四與九為友。原火敵。此敵以為金數也。）長九尺者九弩。九九發而止將服必白其牲以羊敵以北方來。迎之北壇。壇高六尺。（按六者一與六共宗。北方之氣也。）堂密九年九十者九人。主祭白旗素神（按素神呂氏春秋孟秋云。「其神蓐收。」）長六尺者七弩六六發而止將服必黑其牲以彘」北堂書抄引黃帝兵法

同是以東為三八南為二七西為四九北為一六也。

管子幼官篇及幼官圖中方本圖云。「用五數飲於黃后之井」東方本圖云。「用八數飲於青后之井」南方本圖云。「用七數飲於赤后之井」西方本圖云。「用九數飲於白后之井」北方本圖云。「用六數飲於黑后之井」

呂氏春秋孟春仲春季春三紀云。「其數八」孟夏仲夏季夏三紀云。「其數七」季夏紀云。「中央土……其數五。」孟秋仲秋季秋三紀云。「其數九。」孟冬仲冬季冬三季云。「

其數六」淮南子時則訓其數與呂氏春秋同。此淮南襲呂氏也。

漢書五行志曰「天以一生水。地以二生火。天以三生木。地以四生金。天以五生土。五位皆

以五而合。而陰陽易位。故曰妃以五成。然則水之大數六。火七。木八。金九。土十。故水以天一

爲火二牡。木以三爲土十牡。土以天五爲水六牡。火以天七爲金四牡。金以天九爲木八牡。

陽奇爲牡陰耦爲妃。故曰水火之牡也。火水妃也。於易坎爲水爲中男。離爲火爲中女。蓋取

諸此也」其數亦與黃帝兵法同。

其他散見羣籍者。不可勝數。皆以一六水。二七火。三八木。四九金。治學者皆未舉其非。宋司

馬光作潛虛。本荀子天論「心居中虛以治五官」之說。其後蔡沈作洪範數大略倣潛

虛而作虛。其言曰「虛之爲陰陽者二。範之五行。一六爲水。二七爲火。三八爲木。四九爲金。三

八爲木。四九爲火。中五爲土。虛之五。一六爲水。二七爲火。三八爲木。四九爲金。五十爲土。

一本生成雖異而實同也」蔡氏明知後說之誤。別立游移兩可之說。使人是非更不辨矣。

先子自得窬雜著云「讀呂覽十二紀及月令。皆以二七爲火。四九爲金。三八爲木。一六爲

水。五十爲土。疑其顛倒。及讀素問五常政大論。始知其說有二。各有所申。甲說木曰數和火

曰升明。土曰備化。余曰審平。水曰靜順。數和之紀。……其數八。升明之紀。……其數七。備化

之紀。……其數五。審平之紀。……其數九。靜順之紀。……其數六。其源出於五行。疊者周易

示兒錄中編第八章論生成之數已言其概乙說木日委和火日伏明土日卑監金曰從革

水日涸流委和之紀是謂勝生。……昔于三伏明之紀是謂勝長。……昔于九卑監之紀是

謂減化。……其昔四維從革之季是謂折收。……昔于七涸流之季是謂反陽。……昔于一

其數出於參天者也」惟　先子舉二義而未斷其兩者。孰是孰否祖緜由此而璣數知二

七火四九金與參天兩地之數實不合也蕭由坎而至震卽一而參之爲三也由震卽

三而參之九也由離至兌卽九而參之爲二十七也由兌至坎。卽二十七而參之爲八十一

也。周而復始。至於無窮則坎一震三離九兌七之根不能互易也由坤至巽卽二而兩之爲

四也。由巽至艮。卽四而兩之爲八也。由艮至乾卽八而兩之爲十六也。由乾而至坤。卽十六

而兩之三十二也。周而復始。至於無窮則坤二巽四艮八乾六之根不能互易也。因古人疏

於算術未加深考致有此誤且以坎一離七震三兌九巽二乾六鑿度所謂

四正四維皆合於十五者其理更悖五行大義引王弼云「謂水在天爲一在地爲六六一

合於北火在天爲七在地爲二二七合於南金在天爲九在地爲四四九合於西木在天爲

三在地爲八三八合於東土在天爲五。在地爲十五十合於中故日五位相得而各有合謝

制言月刊 第五十五期

曰。陰陽相應。奇耦相配。各有合也。韓曰天地之數。各有五。五數相配。以合成金木水火土也。一王弼不知繫辭所謂五位相得者指一與六合二與七合三與八合四與九合五與十合也。以明天一地二天三地四天五地六天七地八天九地十之說。其並未指五行四方也。故其注則大誤矣。故虞翻註此節不能不特倡納甲之說以欺世人爾。

漢書律歷志「以陰陽言之。大陰者北方。北伏也。陽氣伏於下，於時為冬。終也。物終藏。乃可稱水潤下。知者謀。謀者重。故為權也。太陽者南方。南任也。陽氣任養物。於時為夏。夏假也。物假大。乃宣平。火炎上。禮者齊。齊者平。故為衡也。少陰者西方。西遷也。陰氣遷落物。於時為秋。秋愁也。物槁斂。乃成孰。金從革改更也。義者成。成者方。故為矩也。少陽者東方。東動也。陽氣動物。於時為春。春蠢也。物蠢生。迺動運。木曲直仁者生。生者圓。故為規也。中央者陰陽之內。四方之中。經緯通達。迺能端直。於時為四季。土稼嗇蕃息。信者誠。誠者故為繩也。五則揆物。有輕重圓方平直陰陽之義。四方四時之體。五常五行之象。厥法有品。各順其方而應其行。職在大行鴻臚掌之」此係太陰太陽少陽少陰立說。殊不知太陰太陽少陰少陽即四象也。本無數之可言。昔賢以數釋之者雖多。要皆要言不有中。朱熹周易本義云。「蓋河圖四面太陽居一而連九。少陰居二而連八。少陽居三而連七。太陰居四而連六。」朱氏所言

即乾鑿度所云。四正四維。皆合於十五也。又同志亦以一水二火三木四金五土立說。而班

固所取正義。引用羲和劉歆等典領條奏。未加深攷誤用二火四金之說。致後世書志典錄。

仍班固之誤矣。

後人以為太陽少陽太陰少陰之數。四乘九得三十六。為太陽數。四乘七得二十八。為少陽

數。四乘八得三十二。為太陰數。四乘六得二十四。為少陰數以洛書之真理推之其說非也。

以四乘之者四象也以六七八九與四象互乘九居南以四乘之則太陽在南為三十六是

也。六居北以四乘之得二十四。為太陰之數。八居東以四乘之得三十二。為少陽之數。七居

西以四乘之得二十八。為少陰之數。則與生成之數相合去二十三三十不用相對合十獨可

說也揆之理七八九為不變六九為變不變者為太變者為少其說亦非也。後人誤讀洪範以

二七為火數四九為金數之外又增一大誤矣。善夫子華子北宮意問云。一夫天降一氣。則

五氣隨之寄備於陰陽合氣而成體故有太陽有少陽有太陰有少陰陽中有陽陽中有陰。

故陽中之陽者火是也。陰中之陰者水是也。陽中之陰者木是也。陰中之陽者金是也。土居

二氣之中間以治四維。在陰而陽。故物非土不成人非土不生北方陰極而生寒。

寒生水南方陽極而生熱熱生火東方陽動以散而生風風生木西方陰止以收而生燥。燥

生金。中央陰陽交而生濕。濕生土。是故天地之間。六合之內。不離於五。人亦如之。血氣和合。榮衛流暢。五臟成就。神氣舍心。魂氣畢具。然後成人。是故五臟六腑。各有神主。精裹於金火。氣諧於水木。精氣之合。是生十物。精神魂魄心意志思智慮是也」其說闡其理未言其數。較諸說為詳。後人不能讀子華子。以為偽書。一筆抹煞之。何其不思之甚歟。

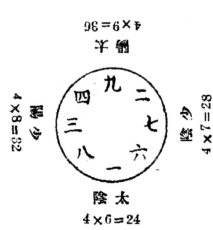

祖縣以為古人之誤由於洪範之一曰水。二曰火。三曰木。四曰金。五曰土。不知洪範之一二三四五乃言五行之次序。非言一水二火三木四金五土也。二誤於易理陽動而進變七之九。不知七變九者乃爻之變。非生成之變也。三誤於乾鑿度。一變而為七。七變而為九。不知參兩之理。以為七可變九。九可變七。四誤於淮南子天文篇十一月黃鍾八十一。五月蕤賓五十七。以為一七相對也。總之天下事物。有數可推者然後有象。數無可推而象不能成也。

論衡言毒篇云。「諺曰眾口鑠金。口者火也。五行二曰火。五事二曰言。言與火直。故云鑠金。金制於火。火口同類也。」是王充引洪範亦未言二道口舌之爍。不言拔木焰火。必云爍金。金

為火數也。嘗讀資暇錄曰。「律一六為水。二七為火。三八為木。四九為金。五十為土。然五行之中惟金木有自然之音。水火土必相假而後為音。蓋水假土。火假水。故金音四九。木音三八。火音一六。土音二七。水音五十。此不易之論也。何以言之。甲己子午九也。乙庚丑未八也。丙辛寅申七也。丁壬卯酉六也。戊癸辰戌五也。巳亥四也。甲子乙丑其數三十有四。四者金之音也。故曰金。戊辰己巳。其數二十有三。三者木之音也。故曰木。庚午辛未其數三十二。二者土也。土以火為音。故曰土。甲申乙酉。其數三十。十者土也。水以土為音。故曰水。戊子己丑。其數三十有一。一者水也。火以水為音。故曰火。凡六十甲子皆然。此納音之所由起也。沈海村謂以頻年曆日考之信然。如壬子癸丑其數二十有八。八者木也。木有自然之音。故納音即從木。甲寅乙卯。其數三十。十者土也。水假土而為音。故納音不屬水而屬土。餘皆可類推矣。」雖然李匡乂（唐書藝文志作李匡文）亦明知前人生成之理。強以納音解之。不知甲己子午九之說。亦漢人誤解之說。非納音之真理。並以生成之謬說而彌縫二七火。四九金之曲說也。盲者從之。以土假火而為音。故納音不屬火而土。以為二七火四九金之明證。實岐路之中。更有無窮岐路矣。如是眾說不可累舉。納音者同類娶妻隔八相生。詳見沈括夢溪筆談。

九宮撰略

沈鵊民

（四）

十五　生成數合十五

古人謨讀洪範言五行之次第。以爲五行之數。於是四正四維不合十五矣。數千年之大誤。未有如此之甚者拙著象數釋疑有論干支與四維之理章茲節如下。奇數爲生偶數爲成。故天一生壬水地六癸成之。一六共宗而居北呂氏春秋孟冬仲冬季冬紀云。其日壬癸是也。天三生甲木地八乙成之。故三八成友而居東呂氏春秋孟春仲春季春紀云。其日甲乙是也。天九生丙火地四丁成之。故四九同道而居南呂氏春秋孟夏仲夏季夏紀云。其日丙丁是也。天七生庚金地二辛成之。故二七共朋而居西呂氏春秋孟秋仲秋季秋紀云。其日庚辛是也。中央戊己呂氏春秋季夏紀云。中央土其日戊己是也呂氏言日則合言數則誤。十日不能盡八卦九宮之數。於是以十二支四維以盡九宮之用。淮南子天文訓以子午卯酉爲六府是也又分子午卯酉爲四正天文訓所謂子午卯酉爲二繩是也辰戌丑未爲四庫寅申巳亥爲四生天文訓所謂丑寅辰巳未申。

戌亥為四鈎是也。丑寅之間為艮維天文訓所謂東北為報德之維是也辰巳之間為巽

天文訓所謂常羊之維是也。未申之間為坤維天文訓所謂背陽之維是也戌亥之間為乾

維天文訓所謂號通之維是也。彼所謂者鈎者猶言鈎其維爾支從干故子從癸癸六而子

亦六也。午從丁丁四而午亦四也卯從乙乙八而卯亦八也酉從辛辛二而酉亦二也至丑

未辰戌丑鈎艮維丑比癸癸六而丑亦六也未鈎坤維未比丁丁四而未亦四也辰鈎巽維

辰比乙乙八而震亦八也戌鈎乾維戌比辛辛二而戌亦二也寅申巳亥鈎艮維寅比甲

甲三而寅亦三也申鈎坤維申比庚庚七而申亦七也巳鈎巽維巳比丙丙九而巳亦九也

亥鈎乾維亥比壬壬一故亥亦一也至乾巽坤艮四維乾為一六巽為四九艮為三八坤為

二七則其數與中五無一不合十五此不能勉強而致之由數存也若以二七為南方火四

九為西方金為能與十五之數合哉

此不過言其大略而已。至於錯綜變化精微之道自有象數釋疑在故不贅述茲揭易理并

管子呂氏春秋淮南子大小戴禮言數言象者網羅一切以證設卦觀象之理制器尚象由

是而明。謂非通變極數之能事乎若夫開物成務見象形器成天下之事業使民不倦者惟

九宮而已茲略圖如下。

上圖六府子午與中五合十五丑未與中五合十五寅申與中五合十五卯酉與中五合十
五辰戌與中五合十五巳亥與中五爲合十五。
十日者干也甲與庚。乙與辛丙與壬丁與癸皆與中五合十五。四維乾之一六。與對宮巽
之四九。一九與中五合十五。四六與中五合十五也艮維之三八與對宮坤維之二七。二八

心一堂術數古籍珍本叢刊 理數類 沈氏玄空遺珍

與中五合十五三七與中五亦合十五也以數證之則二七爲火四九爲金無數之可推無

理之可言者也。

乾鑿度云「八卦數二十四以生陰陽衍之皆合于度量」鄭立注云「數二十四卽分

八卦三氣之數」卽二十四節中也視上圖子數六國語周語下云「夫六中之色也故名

之曰黃鍾」韋昭以天有六氣地有六甲等說解之其說膚此圖子數六又下圖黃鍾在子

故曰六六者成數也可知六律六呂皆取生成之數者也

淮南子言三合其說博而不精茲舉二例以明之可知出於生成之數非出於四正四維之

數也。

（甲例）

申子辰合水水數一如圖申七子六辰八其數相加爲二十一去二十不用爲一卽水之生數也亦卽九宮四正子之

數也。

寅午戌合火火數九如圖寅三午四戌二其數相加爲九卽火之生數也亦卽九宮四正午之數也。

亥卯未合木木數三如圖亥一卯八未四其數相加爲十三去十不用爲三卽木之生數也亦卽九宮四正卯之數也。

巳酉丑合金金數七如圖巳九酉二丑六其數相加爲十七去十不用爲七卽金之生數也亦卽九宮四正酉之數也。

甲例之成因其位其數亥一子六丑六屬北方冬季三月也其數卽一六也已九午四未四

屬南方夏季三月也其數卽四九也寅三卯八辰八屬東方春季三月也其數卽三八也申

七酉二戌二屬西方秋季三月也其數卽二七也四方四時之數雖與三合之數表裏不同。

然殊途同歸知其一卽得其二矣十二支之數其數無五五居中央而立極辰

未四與九宮四維原數異不知此四月者土王各十八日辰四維之數本四今爲八戌四維

之數本六今爲二丑四維之數本八今爲六未四維之數本二今爲四藉四維之斡旋四時

之錯行。四方之位置原在乾者居艮之位原在艮者居巽之位原在巽者居坤之位原在坤

者居乾之前所謂運行者乃易之大用也然有條不紊古之作者非以意爲之不能逃夫生

成之數者也。

（乙例）

申子辰合水申金也是金生水以九宮之數申二子一辰四其數相加爲七仍爲金之生數不能合水也。

寅午戌合火寅木也是木生火以九宮之數寅八午九戌四其數相加爲二十三去二十不用爲三仍爲木之生數不能合火也。

亥卯未合木亥水也是水生木以九宮之數亥六卯三未二其數相加爲十一去十不用爲一仍爲水之生數不能合木也。

己酉丑合金己火也是火勝金以九宮之餘己四酉七丑八其數相加為十九去十不用為九仍為火之生數不能合
金也。

舉二例並觀之淮南子所謂三合然後生雖已明言之然未言其理學者索賾此圖可知三
合出於生成之數而非出四正四維之數也如此理則十二支合五行之理益可證火七金

九之誤豈有疑義哉。

十二支之三合既明四維與八干亦有三合復舉例如下如圖四維具生成二數凡以生數
相加得成數以成數相加得生數與十二支與

（丙例）

坤壬乙亦合水。如圖坤之生數七與壬一乙八。其數相加為十六去十不用為六卽水之成數也。〇坤之成數二與壬
一乙八。其數相加為十一去十不用為一卽水之生數也。

艮丙辛亦合火。如圖艮之生數三與丙九辛二。其數相加為十四去十不用為四卽火之成數也。〇艮之成數八與丙
九辛二。其數相加為十九去十不用為九卽火之生數也。

乾甲丁亦合木。如圖乾之生數一與甲三丁四。其數相加為八卽木之成數也。〇乾之成數六與甲三丁四。其數相加
為十三去十不用為三卽木之生數也。

巽庚癸亦合金。如圖巽之生數九與庚七癸六。其數相加為二十二去二十不用為二卽金之成數也。〇巽之成數四

與庚七癸六相加爲十七去十不用爲七卽金之生數也。

右例亦可證金九火七之誤。惟四維之數有生數與成數之別。與甲例異。

又有八干與寅申巳亥四生而成三合者其例如下。

〔丁例〕

甲癸申亦合水如圖甲三癸六申七。其數相加爲十六去十不用爲六卽水之成數也。

庚丁寅亦合火如圖庚七丁四寅三。其數相加爲十四去十不用爲四卽火之成數也。

壬卯巳亦合水如圖壬一卯八巳九。其數相加爲十八去十不用爲八卽水之成數也。

丙酉亥亦合金如圖丙九酉二亥一。其數相加爲十二去十不用爲二卽金之成數也。

據此亦可證火七金九之誤。江永河洛精蘊通論河圖洛書有首尾相銜之說。其言曰。「首尾相銜者一六合七而七繼之二七合九而九繼之九四合十三而三繼之三八合十一而一繼之此八位所以能連環而歸除也」其說允是由一而七由七而九由九而三由三復

至一循環之數首尾相銜而江氏仍以二七與四九倒置何耶總之余之左證盡破古人牴

疏皆由撰數而來非若今人之輕改古書强不知以爲知者也。

十六　管子幼官篇呂氏春秋十二紀首篇淮南子天文訓之互證

逸周書月令訓已佚惟管子幼官篇猶存與呂氏春秋十二紀及淮南天文訓者持說相同。

茲將三說略圖如下。且幼官篇本有圖惜佚。明堂之說。禮記月令篇注疏及北史言之甚多。

至於明堂之定理均未及之視今列表並圖以明之庶幾有理可循矣。

管子幼官篇云「五和時節君服黃色味甘味聽宮聲治和氣用五數飲於黃后之井發善

必審於密執威必明於中此居圖方中」又春季云「十二地氣發戒春事十二小卯出耕。

十二天氣下賜與十二義氣至修門閭十二清明發禁十二始卯合男女十二下

卯三卯同事八舉時節君服青色味酸味聽角聲治燥氣用八數飲於青后之井……此居

於圖東方方外」夏季云「十二小郢至德十二絕氣下爵賞十二中卯賜與十二中絕

收聚十二大暑至盡善十二中暑十二小暑絡三暑同事七舉時節君服赤色味苦味聽羽

聲治陽氣用七數飲於赤后之井……此居於圖南方方外」秋季云「十二期風至戒秋

事十二小卯薄百爵十二白露下收聚十二始節賦事十二始卯合男女十

二中卯十二下卯三卯同事九和時節君服白色味辛味聽商音治濕氣用九數飲於白后

之井……此居於圖西方方外」冬季云「十二始寒盡刑十二小榆賜予十二中寒收聚

十二中榆大收十二寒至靜十二大寒之陰十二大寒絡三寒同事六行時節君服黑色味

鹹味聽徵聲治陰氣用六數飲於黑后之井……此居於圖北方方外」則幼官有圖可知。

惟夏七秋九其數已誤若去其數而補其圖仍不能使人明瞭故立表以明之。

春

一	十二地氣發	
二	十二小卯	
三	十二天氣下	
四	十二義氣至	
五	十二清明	
六	十二始卯	
七	十二中卯	三卯同事
八	十二小卯	

八舉時節

夏

一	十二小卯	
二	十二絕氣下	
三	十二中卯	
四	十二中絕	
五	十二大暑至	
六	十二中暑	三暑同事
七	十二小暑終	

七舉時節

春八舉著春數三八成友也。自立春日姓。至立夏日後六日為八舉時節八即三八成友之八也上云三卯二暑二酉三

寒與三八成友之三字不涉三者即參天之点義氣詳見拙著讀管臆斷義當作義倣雅釋天義和日御也春日和照故

曰義氣。

夏筭子亦誤以二七為火數。夏數寶四九同滇也。自立夏後七日。至大暑終其日不足因以熱之變多五日易繫傳三百

六十日為一歲仟曆法三百六十五日二十四刻二十五分為一歲此五日二十四刻二十五分管子所謂五和時節是

也小卯中卯之卯字即程乘馬篇士農工商章云立夏日川程之程也卯程古通義見拙著讀管臆斷。

夏秋之間。五日有奇治和氣。……五和時節此五日有期即成歲之數以合節中。

秋
一　十二期鼠至
二　十二小酉
三　十二白露下
四　十二復理
五　十二始節
六　十二始酉
七　十二中酉 ｝三酉同事
八　十二下酉
｝九和時節

冬
一　十二始寒
二　十二小榆
三　十二中塞
四　十二中榆
五　十二寒至
六　十二大寒
七　十二大寒終
｝三塞同事
｝六行時節

秋管子誤四九為金數秋實二七共朋也表中小卯始卯甲卯下卯三卯用事之卯字係酉字之誤三國志吳志譌翻傳

駐可證期風之期字係謀字之語詳見拙著讀管臆斷。

多六行即一六共宗為水數小榆中榆之榆字係揄字之誤揄詩大雅生民或春或揄之揄義詳拙懃讀管臆斷。

右表管子亦誤十二者十二日也春秋兩季冬九十六日冬夏兩季各八十四日四季共三

百有六十日合夏秋之間五日即一年之數也

呂氏春秋孟春紀云「天子居青陽左个」仲春紀云「天子居青陽太廟」季春紀云「

心一堂術數古籍珍本叢刊　理數類　沈氏玄空遺珍

天子居青陽右个。」孟夏紀云。「天子居明堂左个。」仲夏紀云。「天子居明堂太廟」季夏紀云。「天子居明堂右个」又云。「中央土⋯天子居太廟太室」孟秋紀云「天子居總章左个。」仲秋紀云。「天子居總章太廟」季秋紀云。「天子居總章右个」孟冬紀云。「天子居玄堂左个」仲冬紀云「天子居玄堂太廟」季冬紀云。「天子居玄堂右个」

是東曰壽陽南曰明堂西曰總章北曰玄堂中央曰太室呂氏不以月建立說曰孟仲季者。

以時則言也並列呂氏春秋明堂圖如上。

淮南子天文訓「日行一度十五日爲一節以生二十四時之變斗指子則冬至音比黃鐘。

加十五日指癸則小寒音比應鐘加十五日指丑則大寒音比無射加十五日指報德之維。

則越陰在地故曰距日冬至四十六日而立春陽氣凍解音比南呂加十五日指寅則雨水。

音比夷則加十五日指乙則清明風至音比仲呂加十五日指辰則穀雨音比姑洗加十五日指

粢賓加十五日指甲則雷驚蟄音比林鐘加十五日指卯中繩故曰春分則雷行音比

常羊之維則春分盡故日有四十六日而立夏大風濟音比夾鐘加十五日指巳則小滿音

比太蔟加十五日指丙則芒種音比太呂加十五日指午則陽氣極故日有四十六日而夏

至音比黃鐘加十五日指丁則小暑音比太呂加十五日指未則大暑音比太蔟加十五日

指背陽之維則夏分盡故曰有四十六日而立秋涼風至音比夾鐘加十五日指申則處暑

音比姑洗加十五日指庚則白露降音比仲呂加十五日指酉中繩故曰秋分雷戒蟄蟲北

鄉音比粢賓加十五日指辛則寒露音比林鐘加十五日指戌則霜降音比夷則加十五日

指號通之維則秋分盡故有四十六日而立冬草木畢死音比南呂加十五日指亥則小雪。

音比無射。加十五日指壬則大雪音比應鍾加十五日指子」列圖如下。

其排律呂與諸書不同取陽生於子陰生於午以子午爲黃鍾二繩也以卯酉爲蕤賓一繩

也故其書云子午卯酉二繩也其次序爲子午黃鍾壬癸應鍾亥丑無射乾艮南呂寅戌夷

則甲辛林鍾卯酉蕤賓丙丁太呂巳未太蔟巽坤夾鍾辰申姑洗乙庚仲呂也與呂氏春秋

之說列表以明之。

淮南子中節音	呂氏春秋	
	春	秋
子午黃鐘	仲夏紀（午）律中蕤賓	仲冬紀（子）律中黃鐘
壬癸應鐘		
亥丑無射	孟冬紀（亥）律中應鐘	季冬紀（丑）律中太呂
乾艮南呂		
寅戌夷則	孟春紀（寅）律中太簇	季秋紀（戌）律中無射
甲辛林鐘		
卯酉夾鐘	仲春紀（卯）律中夾鐘	仲秋紀（酉）律中南呂
丙丁太呂		
巳未太簇	孟夏紀（巳）律中仲呂	季夏紀（未）律中林鐘中央土律鐘黃鐘之宮
巽坤夾鐘		
辰申姑洗	季春紀（辰）律中姑洗	孟秋紀（申）律中夷則
乙庚仲呂		

淮南言律則從呂氏春秋。言中節音與呂氏春秋異二者須明辨之不可混而爲一其理詳

呂氏春秋音律篇。

十七。九宮與代數行列式之關係

九宮在數學上實一簡單之排列與近世代數學中之行列式相合。吾國九宮之法。後人不明其理以爲此乃不能解決之問題不加研究。以至於今亦無人明此近人以爲九宮者代表坎坤震異中乾兌艮離九字而已。不知此九字由何而來。九宮之縱橫交式之變化如何。實爲不可解決之一疑問。乾鑿度云「易變而爲一一變而爲七七變而爲九」此即九宮之變化也數之奇偶亦九宮甚重要之事。

西人萊博尼茲（Leibnitz）（1646—1716）發見行列式約在十八世紀初。吾國九宮則早歐美多矣可見吾數學在古時之深奧。行列式之原意乘法簡化而已。行列有二橫二縱。三橫三縱四橫四縱。以至十橫十縱九宮乃三橫三縱。橫縱左右換位在外加一貳數二次變位爲正數。三次亦貳。如有一極煩之乘法。用行列式排之不但字字明瞭且易演算。故九宮之排列即行列式排列也。茲列九宮排列與行列式對照如下。可知我國九宮一算之術。實出於九章也。

令畧換位數例如下。

A	B	C
A_1	B_1	C_1
A_2	B_2	C_2

=

巽	離	坤
震	中	兌
艮	坎	乾

其所得之乘法如下：

A	B	C
A_1	B_1	C_1
A_2	B_2	C_2

=

A	B	C
A_2	B_2	C_2
A_1	B_1	C_1

=

B	A	C
B_1	A_1	C_1
B_2	A_2	C_2

=

A_2	B_2	C_2
A_1	B_1	C_1
A	B	C

$$=(AB_1C_2+A_2BC_1+A_1B_2C)-(A_2B_2C+AB_2C_1+ABC_2)$$

巽	離	坤
中	宮	兌
艮	坎	乾

＝（巽中兌＋艮離乾＋離坎坤）－（艮坎坤＋巽離兌＋離離乾）

一在中宮換位其變化演算如下。

9	7	5
8	1	3
4	6	2

5	9	7
1	8	3
6	4	2

5	9	7
6	4	2
1	8	3

由此可見一在中順行等於四在中逆行。

8	3	1
9	7	5
4	2	6

＝

4	2	6
9	7	5
8	3	1

＝

6	2	4
5	7	9
1	3	8

七入中逆行即七在中順行數當相等也七在中順行數為一百四十四。

六	二	四
五	七	九
一	三	八

七在中順行變化如下

$$= (336＋60＋18)－(28＋162＋80)＝414－270＝144$$

六	二	四
五	七	九
一	三	八

＝

二	六	四
七	五	九
三	一	八

＝

二	六	四
三	一	八
七	五	九

綜以上結果。一在中順行。四在中順行。七在中順行其積均為一百四十四。所謂順者一四七是也。一在中逆行。四在中逆行。七在中逆行其積亦一百四十四。所謂逆者一四七是也。

順者一四七等於逆行一四七。

九宮之一四七其根一一發現。餘如二五八三六九當亦能發見。故九宮之法。與行列式實相輔而行。其今推求二五八根原如左。

二在中順行即五入中逆行。由五在中逆行變之如左：

1	6	8
5	9 2	4
7	3	

=

6	1	8
7	5 3	9 4
2	9 4	

=

6	2	4
7	5 3	9
6 1	8	

=

6	1	8
2	7 5	3 9
4	9	2

=

五在中逆行即五在中順行。故二在中之總數等於五在中之總數。用上法推求其數。

1	6	8
9	2 4	7 3
5	7	3

=

2	7	5 3
4 9	3 5 7	2
8	1	6

= (6+120+504) - (80+28+162) = 630-270 = 360

二在中順行數爲三百六十五入中順行數如左。

二在中順行數爲三百六十五。

```
4 9 2
3 5 7
8 1 6
```

＝(120＋504＋6)－(80＋162＋28)＝690－270＝360

由此可見二在中順行五在中順行兩數相等。五入中演變如下。

```
9 4 2      9 4 2
3 5 7  ＝１ 1 8 6
8 1 6      5 3 7
```

即八在中逆行也故二在中順行即八在中逆行變為八在中順行如左：

```
5 3 7      7 3 5
4 8 6  ＝  6 8 1
9 1 2      2 4 9
```

八在中順行亦三百六十算之如下。

7	3	5
6	8	1
2	4	9

＝（504＋6＋120）－（162＋28＋80）＝630－270＝360

由此推之。八入中順行。五入中順行。八入中順行其積均三百六十。所謂順者二五八是也。

順者為三百六十逆者當亦三百六十逆者如二在中逆行五在中逆行八在中逆行其法

亦如上推之均相等為三百六十所謂逆者二五八是也同例三六九亦如此如左排列之

2	7	9
1	3	6
6	8	4

＝（24＋270＋72）＋（162＋80＋28）＝306－270＝36。

2	7	9
1	3	6
6	8	4

其數為三十六。

以三在中順行如上法演之。

7	2	9
3	1	5
8	6	4

＝

7	2	9
8	6	4
3	1	5

三在中順行即六在中逆行。由六在中逆行可得六在中順行如左：

7	2	9
8	6	4
3	1	5

=

3	1	5
8	6	4
7	2	9

故兩者相等其數三十六也。

6	1	3
4	6	8
9	2	7

=

6	1	3
4	6	8
9	2	7

$$=（210+72+24）-（162+80+28）=306-270=36。$$

出此可知六入中之積數三十六與三入中之數相等由六入中順行周而復始變爲九入中逆行可變爲順者也今變之如左：

5	1	3
4	6	8
9	2	7

=

1	5	3
6	4	8
2	9	7

=

1	5	3
2	9	7
6	4	8

此即九入中逆行也。

九入中逆行其數積亦爲三十六由九入中逆行可變爲九入中順行即等三入中由發九入中

順行如下：

1	5	3
2	9	7
6	4	8

積數算如左。

8	4	6
7	9	2
3	5	1

=

6	4	8
2	9	7
1	5	3

=

8	4	6
7	9	2
3	5	1

$$=（72+24+210）\quad（162+80+28）=306-270=36$$

九在中之數爲三十六與三在中六在中之數三十六相等逆行者演之如左：

$$=（72+210+24）-（162+28+80）=306-270=36$$

故三在中。六在中九在中其數內三十六所謂九宫之三六九者也。

觀以上各數排列知一四七在中之數爲一百四十有四。天地之數。始於一。終於九成於三

一加三四也。四加三七也。七加三爲十。卽一也。故一四七相連也。數爲一百四十四。卽易爲

坤之策也。

二五八在中者其數爲三百六十。卽易乾坤之策也。三六九之積數爲三十六。卽八卦蓍數。

亦卽易之南方四九之數。四九之積三十六也。何以爲二五八二加三五也。五加三八也。故

三者相連也何以爲三六九三加三六也。六加三九也。故三者亦相連也此言數之大略也。

若夫錯綜參伍其式至夥限於篇幅不贅述焉夫天下之理一而已矣其理同者東西兩方。

均可觸類旁通擬議變化如此方能盡易之能事學者苟極深研幾。自能開物成務故舉代

數行列式互證國人冶易尚形而上之學。每涉於虛妄故以形而下之學以明之使知有理

可循一掃虛玄之說而已。

十八　序意

余家世業韋編昔從　先子問易辨今古之同異。判漢宋之得失略能窮其淵源至於易之

弘旨未能及也。邇歲隱息吳門早夕多暇劬劬者惟易而已矣。於是陰陽之大義乃別有利

解。如憲張之謬舛焦姚之岐途皆有訂正之意斯蓋易之爲道非有家法師承者不能得其

要也雖得其要矣而不能博攷深思亦無以窺其奧也。

九宮者洛書也與洪範同周易亦殊途而同歸此學者少知其事。

即九宮也前人不察衍爲太乙義門之說庶不知太乙義門與九宮無以異術士睊人巧立

名目淵博如抱朴亦不能知之其自敘編「其河洛圖緯一視便止不得留意也不善星書

及算術九宮三基太乙飛符之屬人了不從爲由其苦人而少氣味也晚學風角望氣三元

遁甲六壬太乙之法粗知其旨又不研精亦計此輩率是爲人用之學同出身情無惡以此

自勞役不如省子書之有益途又廢焉」斯葛洪之欺人語此蓋九宮者即洛書也三元遁

甲太乙即九宮也名雖異而其例一也恐葛氏未嘗親其學甚矣其說之僞也。

嘗攷九宮之理於漢已若斷若續後漢書徐穉傳注稱習河圖又方術樊英善河圖

洛書是河洛漢人尙有習者劉向深精洪範（見金樓子立言篇）其作五行傳記漢書五行志本

之誤讀一曰水二曰火三曰木四曰金五曰土以一二三四之次第誤以爲水一火二木三

金四土五矣此未能深超以道耳蓋天祿校書凡陰陽五行諸書非向所親讎故其說皮傳。

與抱朴子等流爾惟水二金四之誤不始於劉氏在逸周書已誤矣後之書志典錄悉襲劉

團言月刊 第五十六期

向。世未有正其誤者。劉知幾文史通義雖糾正漢書五行志四科之說。似是而非然其本源

已誤則皮之不存毛將焉附也。可知古人讀書於格物之理皆闕焉而不知也。漢以後聾明

堂者莫甚於北齊。其說見於北史者甚多皆依附舛說。無足觀也。猶漢代博士言陰陽五行

者皆强相附會。究之生成之說。則如冠履倒置爾。說卦傳帝出乎震一章言洛書也。加以五

中即九宮也其游宮。即說卦傳所謂神也者妙萬物而為言者也。至九宮之錯綜。即序卦宮

次世位也。學者極深研幾。窮神知化。見其動而觀其變。以數立象。始能斷習矣。

管子幼官篇。呂氏春秋十二紀。淮南鴻烈時則訓所述九宮數。未能詳核。惟呂覽淮南十二

支四維似可采取者也。然淮南為精因推算之術。後人勝於前人。故其說較善。他如乾鑿度。

通卦驗參同契周髀算經諸書。為治九宮之要籍。惜此學久廢。知之者尠。

今之通書載有年月紫白圖。不知始於何時。或謂出於魏正光曆。余家藏有宋紹興元年曆。

年月紫白圖外。載有日紫白圖。九宮之色。與今通書同。惟一白二黑三碧四綠五黃六白七

赤八白九紫。不知其起源。想術士譌造證之神異記。則作坎黑坤黃震青巽青中黃乾白兌

白艮黃離赤也。

九宮諸術。至清季。學者稍有獵涉。梅文鼎俞正燮黃式三略知津涯。俞樾有演疇粗具規範。

書無說明但以三氣列九宮之式。亦缺而不全也。先子有論八卦九宮無區別之說為古

人所未能知之者。本書論九宮與八卦一章即演繹　先子大義也。

今纂九宮撰一書撰之為言算也。原文宂長刪去十之八九得十八章更名略者撮其精要

而已。然已上探淵源辨其同異繼闡衆說究正譌舛說有不當乃詳為發揮若訂正生成之

誤。使五行之說有緒之可尋九宮與八卦之列。亦列圖叙明古今異說一旦廓清知我罪我。

聽之已嚇文王因羑乃演周易身處憂危然後能發憤忘食以名後世今茲大亂就避荒邨。

乃有以此相擬者夫抗顏前聖則余豈敢傳述往哲判析詳明以啓後學則庶幾近之矣。

序蓋言参同契為治九宮之要籍恐學者疑其書為方伎家言從附錄拙著贊道藏記叅同契一則以明之

道藏輯要中如先秦諸子及淮南及参同契抱朴子諸書外皆五斗米之徒所撰述言个雅馴叅同契言辭卦潮汐（

即副甲）九宮等皆牽強名祠已沿方士惡習秦始皇漢武帝時方士所偽造者皆伯陽喜引之耳淺人不察。

以為錬丹之說誤矣徐及湎于學不逮觀依附猶多後人注釋更失正義及清仇兆鰲彙采乘說（仇書後出追藏未

錄）亦昧其理此伯陽好奇有以致之也。叅同契言辭卦朋乾坤卦義之用言澜沙明日川數引之理言九宮明坎離

水火之功乃闡明易理之書也。

易見仁見知離惡讀者體撰通備然其秘名雜而不越至道士之書則雜而越矣如坎在易為水為月為耳謂謂之玄

武五行家其曰壬癸道士之書則增為汞為丹為津為主為汞為陰血為玄武為腎為嬰兒為真水為虎之魄為別女為

黑鉛為金精為靈根為玉帝為玉鑪離在易為火為日。為功曹為陽氣為朱雀為心為炷女為鼠火為龍之魂。書謂之皇極五行家其日戊己道士之書為中宮為脾。為皇極乾在易為首道士之書為大腹為頭為天門坤在易行家其日甲乙道士之書為膽為腹道士之書為小腹為趾震在易為木禮謂之青龍五。為脥脫為刑部兌在易為金為肝為脊龍為舌巽在易為股道士之書為腹禮謂之白虎五行家其日庚辛道士之書為勝脫為刑部兌在易為金為口禮謂之白虎五行家其日庚辛為金鼎酉為金華其坎離兩卦具象廣大名目又多於虞荀逸象者因方士養其一指而已以坎離為乾坤之大始成物故重言而申明之擬諸形容象其物宜名目益夥矣今略纉其要使知其本原若病取易之一二闗左道旁門其學不足觀也。

九宮考辨

九宮考辨

沈祖緜　飂民　學

一、九宮考原

易之言數、疑卜官作卦爻辭、尚未具備、乃治易者據數作進一步的探索、周易與九宮實貝是

兩個乾疇、但相互表裏、易之言數者、始見於周易繫辭傳、其言曰

天一地二天三地四天五地六天七地八天九地十

又曰

天數五地數五五位相得而各有合天數二十有五地數三十凡天地之數五十有五

今本周易二段不相連接恐係錯於簡漢書律曆志引兩者連結程頤移置天一至地十凡二十字

在天數五地數五之上似本漢志此皆言九宮之數因易六十四卦而九宮則八十一卦就卦數而

論較周易已進了一步蔡邕書藝文志龔著類周易明堂二十六卷疑即闡述九宮之書沈歐韓

曰蓋即明堂陰陽之類魏相所采者沈說近是漢書魏相傳曰

又數表采易陰陽及明堂月令奏之曰臣相幸得備員奉職不修不能宣廣教化陰陽未

和災害未息。咎在臣等原聞易曰天地以順動，故日月不過，四時不忒聖主以順動，故刑罰清

而民服。師古曰，豫卦彖辭也，武差也，泹縣按，天地變化必繫陰陽之分。以日為紀，日冬夏至則八風

之序立。氏國學講習會學報刊入章，萬物之性成各有常聽，不得相干。東方之神大昊乘震執規。

司春。張曩曰木為仁仁者生生者圓故為規。南方之神炎帝乘離執衡司夏。張曩曰火為禮禮者齊者平故為衡。西方之神少昊乘兌

軌矩司秋。張曩曰金為義義者方故為矩。北方之神顓頊乘坎執權司冬。張曩曰水為智智者謀謀者重故為權。中央之神黃帝。

乘坤艮執繩司下土。張曩曰上為信信者誠誠者直故為繩。祖縣按，宋說元兹五帝所司各有時也(下略)

魏相之說史未言相治何家易，惠棟易漢學以為漢人不言河圖洛書。採漢書魏相傳可知其不

然魏相所奏明堂月令即呂氏春秋十二紀，禮記月令屬。漢書藝文志禮類有明堂陰陽三十三篇。

明堂陰陽說五篇其書雖佚而管子四時五行輕重巳三篇呂氏春秋十二紀。淮南于時則訓猶存可

得其大概惟魏相說中央之神黃帝乘坤艮執繩司土恐漢時巳有異說。蓋魏相以坤艮為土

因土無定位借乘坤艮不知土居中央不必借坤艮為乘當云乘中央執繩司土淮南子天文訓

中央土也其帝黃帝，其佐后土執繩而制四方。淮南子在魏前其說較魏相為詳至四維亦見天

文訓，以子午卯酉為二繩。丑寅辰巳未申戌亥為四鉤。東北為報德之維，坤民

也。丑寅西南為背陽之維。坤維也未甲鉤之魏相云，乘東南為常陽之維。巽

鉤也。西南為背陽報德兩繩立說，東南為常陽之維。已鉤之辰西北為號通之維。乾

坤民即背陽報德兩繩立說，乘東南為常陽之維。巽維也辰西北為號通之維。乾

維也戌

維也民

之鈞淮南之說。雖未言四維之用較魏伯陽之說為勝。

二。周易卦爻辭五行考

欲知九宮當先研究洛書五行者洛書一部分之事。五行在周易中尚未詳述爻辭僅出
金木茲考之如下。

一三二五蒙六三見金夫不有躬。　按古注存者有虞翻崇坎下艮上坎中男艮少男皆夫
之象也中爻互震震長男亦夫也互坤坤道成女六三五變爻兌兌正秋也西方屬金又
為震震長男夫也故曰金夫不有躬六三變无坤不有躬猶言不有坤之謂也。

二三二噬嗑九四噬乾肺得金矢。　按肺糧爻子夏傳作晴。孟喜作胏說文食所遺也从
肉仕聲易曰噬乾胏董叟肺揚雄說坴从宋又擇文引字林胏　所遺也一曰脯也據
字林脯為肺之一解馬融曰脯有骨謂之肺鄭玄曰胏簣也疑漬之謂詩小雅楚茨鄭箋
剝消淹漬以為菹漬上下有奪文說文責肺栈也尔疋釋咢謂之第小尔雅廣服賣
昧第也與噬乾肺亦涉陸續曰肉有骨謂之肺離為乾匈爻為兵矢失位用刑物亦不服
祖縣按王綱注。若噬有骨之乾肺也金矢者取其剛直也陸說離為乾肉據說卦傳曰以恒之
亦有此四字。

及燥萬物者莫熯乎火立說。徐堅初學記卷二十六引王書注。四體純一純作離。御覽八六二陰作離陰六二陰作離

作。卦骨之象骨在乾肉脯。王肅亦作脯與之象金象謂困學紀聞安象謂困學所以獲野禽以開學紀聞作矢是也子夏傳荀董同

離卦骨之象骨在乾肉脯。

食之反得金矢君子於涑山思其毒於利備其難，此爻各家注釋脯當從說文作俌當

浚說文引經例辨云今易作脯即俌矢之或體當說遺重，乾脯及矢當從陸績至金字唐宋

……周禮大司寇禁民訟入束矢禁民獄入鈞金惠氏疏六爻以卦辭利用獄立說細按卦辭亨

上似有奪文至六三九四六五三爻言百姓日用辭。見繫之事噬嗑象曰頤中有物曰噬嗑頤象曰飲

食噬乾胏易生疾病所謂食不厭精饋不厭細者是。

三爻噬嗑六五噬乾肉得黃金。虞翻注陰稱肉位當離曰中烈故乾肉也乾金黃故得

黃金虞氏未解黃字之象自唐迄明皆主明罰敕法立說而張根吳園易解以黃金即

鈞金未免武斷噬嗑與頤同為謀食之卦在噬嗑謀食維艱。故列噬腊肉噬乾胏噬乾肉

三爻而頤則自求口實在頤之初六舍爾靈龜觀我朵頤言飲食奢侈以靈龜佐餐是

三三噬嗑與三三頤之別。在九四爻之變此當以飲食立說此云黃金當據坤六五黃裳

元吉引伸之左傳昭十二年南蒯枚筮之遇坤三三之比三三曰黃裳元吉……惠伯曰黃

中之色也說文黃地之色也是黃為土之證論衡驗符篇黃為土位在中央九家易坤為

黃未諦泥於坤為地地是土土色黃也不知說卦傳其於地也為黑義兩歧且坤所包者

廣坤象曰坤厚載物德合无疆含弘光大品物咸亨不局於土行也此爻太卜集當時諺

語以誠今節食禮記曲禮曰乾肉不齒決注堅宜用手此云得黃金係擬議之辭得義

同有論語述而篇三人行必有我師焉釋文作我三人行必得我師焉云一本無我字。

本或作必得係得有古通之證卜人術語利指金兑卦象之噬嗑巽宮五世卦也賁艮一

世卦也皆不在兑宫之内今賁卦辭小利指艮利字則无着落噬嗑卦辭利用獄指中

爻互坎利字亦无着落治易者讀此感固結不解不知此係聯繫之作用因賁三三噬嗑

二三三兩卦聯繫為離三三離中爻兑也。

四三三姤初六繫於金柅柅據王弼本釋文子夏傳作鑷鑷絡絲具也王肅作柅蜀才作

尼屎為正字屎徐錯說文繫傳屎雙柄也傳曰雙即今絡絲籆也屎其柄也籆者也

文柅屎或从木柅聲錯傳曰按周易繫于金柅是也徐鉉本另出柅木也實如棃錯本不出

鉉於屎下云柅女氏切木若棃此重出鉉說不足據子夏傳作鑷鑷說文无係橺之為說文

橺絡絲橺讀若柅徐錯繫傳曰按字書繇繇柎也柎足也說文柎闌足也字書鞁脫闌字來

成句。樹令俗作跗作跌，以樹解柵化悸，柵柅化一字，後之治許學者务创别義，使義反晦，蜀才作尼，尼止也，王肅作柅，說文不出，王云柅織績之物，婦人所用，正義文引馬融說柅者在車之上，所以止輪令不動者也，此又一義，她總之柅為織績之器，柅初製時為木，故字从木，後改進為金，曰金柅，初爻變乾，乾為金，故曰金柅。

五二二困九四來徐徐困於金車。 釋文徐徐疑懼貌。王弼注，徐徐者，疑懼之意也，馬云安行貌，子夏作茶茶，翟同茶音圖云內不定之意，王肅作余余，釋文脫引虞翻亦作茶茶安舒也，困卦六爻太卜爻辭疑引當時民間歌謠，指商紂之酷刑，當从子夏傳茶茶為允作徐徐者，後人涉九五乃徐有說而改，王肅因徐徐不得其解，改余余，其注亦佚，說文余語之舒也，歛息之辭與爻義不伴，茶廣雅釋詁病也，廣雅令脫王念孫疏證，據一切經音義卷十二卷二十五引補入釋詁二，茶茶重言之爾作茶。

亦與車叶，來當从虞翻困咸九四憧憧往來注云，之內為來，之外為往，為允困之九四興咸之九四同例，金車惠士奇易說昏禮諸侯親迎乘金車，九四來，迎初六而初入于坎，故有是象，兌為金坎輪，故曰金車，其子桌承其說，又車從虞翻改舉，黎世序河上易傳以坎谷故有是象，兌為金坎輪，故曰金車，其子桌承其說。

金車為周禮之金輅，鉤繁纓大輅，大旅以賓同姓以封，周禮宗伯，蓋王者寵異其臣以金車載之也，段復昌周易補注承黎說，惠黎兩說與爻象全違，余疑金車係檻車，漢書陳餘傳迎

檻車與王諧長安師古曰檻車者車而為檻形謂曰板四周之無所通見釋名釋車。檻車上

施闌檻以格猛獸亦囚禁罪人之車也畢沅跋曰今本說亦囚禁罪人五字據文選大樸賦注引補這種檻車是否紂之所製在

文獻雖无確實的證據不過史記殷本紀云紂手格猛獸又云百姓怨望而諸侯有畔者於是

紂乃重辟刑有炮烙之法廣前二沃烚手械紂所作也為紂制刑具之明證困於金車。

似與紂不无關係困下卦井初學記二十刑罰春秋元命苞刑者側也說文曰刀守井

也飲之人入井隕於川刀守之割其情也。祖縣按徐堅說為先徐堅有隋杜公瞻玉燭寶典盂

十百卷本卷七十二引皆困言為罰刀守罰之為言内也隕於害也廣韻十月罰引刀守

不云說文的支亦不同以困言為罰刀守罰之為言内也隕於害也廣韻十月罰引刀守

罰為罰无宗案罰之為言内也隕於害也广韻夏紀注引又有玄應一切經音義二十五卷本卷二

害也作罰之吉困隕於害亦木同。下卦井說文刑罰罪也从井從刀易曰井法也釋文鄭玄

法也鄭玄與許慎同時惟說文不引鄭說疑是吉義太卜所作困之爻辭也釋文鄭玄

爻辭是指周。

六五二二鼎六五鼎黃耳金鉉。鉉易賦曰扛鼎而舉之也虞翻曰毌貫鼎兩耳說文鉉舉鼎具也。

易謂之鉉禮謂之鼏又鼏以木橫貫鼎耳舉之周禮廟門容大鼎七個即易玉鉉大吉,徐

錯繫傳云。按周禮亦謂之扄也又扄外閉之戶也江沅潘昺易述補注鉉鼏扄也長三尺疏易

玉鉉大吉也鉉字說曰舉鼎具也易謂之鉉禮謂之鼏許君以鉉鼏為一物然禮云設扄鼏

祖縣按設局罪見儀禮士冠禮明是局，則士喪禮不需言取鼎所委于鼎北。加局不坐于矢鼎鉉

士昏禮公食大夫禮士虞禮

兩義似非許君之言疑後人懼从乾，為金說執文注說可采。按儀禮士冠禮曰設局鼎

注曰今文局為鉉古文所為密又士昏禮注曰局所以扛鼎鼎覆之是局與鉉為古今文士喪

禮注曰局即鉉字，玉篇卷十六鼎覆樽巾也又鼎葢也禮記禮器犧尊疏布鼎注或作幂

廣韵二十三錫鼏鼎葢鼎乃鼎之譌可證鉉與鼏異義。

以上六爻皆載有金字爻辭亦出木辭舉如下。

一二三次困初六臀困于株木。此爻漢人注釋。惟九家易猶存泥於五行立說其說不足采。

株說文木根也株與誅皆朱之孳乳說文誅死也，莊子在宥，今世殊死者相枕也釋文誅誅也，討也白虎通誅伐。

誅猶責也釋名釋喪制罪及刑人曰誅誅株也如株木根枝葉盡落也。廣韵十虞誅責也。

釋名曰罪及餘曰誅如誅大樹枝葉盡落華流釋名疏證以為廣韵文有譌脫疑非王先謙釋

名疏證補未加辯證引葉德炯說亦虞余疑株木為一種刑具書舜典朴作教刑國語書

語上薄刑用鞭朴志說同。朴扑古通用漢初笞刑率多死景帝元年定箠令丞相劉舍御史

大夫衛綰請笞者箠長五尺其本大一寸其竹也末薄半寸皆平其節當笞者笞臀母

得更人可徵笞刑之具漢時始有定率此爻臀困於株木，株木為刑具无疑漢書司馬遷傳。

報任安書關木索受木索關三木之木亦可旁證。株木為刑具也。其象在爻中无巽无震。

來知德治易專求於象。以中爻巽木居坎之上解之不知爻各有位以中爻解巽居三爻不可。

越爻言之亦當以上下兩卦聯繫來取象。因困井兩卦聯繫為坎。坎中有震。

翻陸績同程頤易傳。鴻趾連不能握枝。故不木棲。朱熹本義鴻不木棲錢時周易釋傳云。

二二三漸六四鴻漸於木或得其桷。說文秦曰榱。周謂之椽。齊魯謂之桷。馬融曰桷椽也虞。

先儒謂不木棲。鄉間此咸暮則止棲于高木之上。先儒殆失考錢氏詰程朱之非其說亦有語

病錢氏係吾浙富安縣人。地居新安江上流溪流湍急非鴻雁宜棲之地。吾浙鴻雁棲止之區

縣之雁宕平陽縣之南雁宕。新安江沿岸居民歲暮捕鴻相率飛向富安等處進叢林避

弋人此錢氏所目觀以之釋。此爻係一得之見不足以包括全體凡禽有水陸之別其趾不

同家畜之難鶩鴨。可以明證。爾足釋烏烏尾雁。徐堅初學記卷三。十雁下有之字。行醜其是蹼。郭璞注脚指間

有幕蹼屬相著。初學記引作脚間幕蹼相連也音卜唐人本異今本又其蹯企郭注曰飛卻伸其脚跟企直蹼說文

未出玉海及廣韻一屋引爾雅集韻一屋蹼蹼並舉引爾雅郭璞注鴻趾駢連不能

擇木而棲。有時入于木或有得平柯而處之此或字是指鴻。

以上二爻皆有木字余木為制器必需之物故爻辭屢出之耳周易卦爻辭制作時代引五行之義。

考證如上其後則彌精微矣。

三十翼作者始據五行以明易考

尚書正義洪範引大傳云。

金木者。百姓之所興作也。水火者。百姓之求飲食。土者萬物之資生也。是為人用。

此伏氏言五行原始之義。而以人用為重。可見五行之原始之義。是極簡單的。說文用可施行也方

言六用行也。原始時代人見五行為養生必需之物。孟子盡心篇。民非水火不生活。書洪範土爰

稼穡禮記大學有土斯有財。三者皆言養生之舉。而周易卦爻辭不出考五行始見於尚書甘誓

洪範逸周書小開武解云。

五行一黑位水二赤位火三蒼位木四白位金五黃位土。

以五行配五色。自此始。後人又行繹為種種事物小開武解言一二三四五是次第不是言

數。又武順解云。

地有五行不通曰惡。

孔晁注云。

金木水火土，更相生。

孔注以五行生克為說，其說更晚，又同解云。

人有中曰參，無中曰兩，兩爭曰弱，參和曰強，男坐而成三。（參三古通用）女生而成兩，五以室成。

室成以民生。（民生章藥本作民民，盧文弨本改民生）民生以度，左右手各握五，左右足各履五。

此言五之用，與說卦傳參天兩地而倚數同義，惟說卦傳不言五十爾。中五在繫辭謂之退藏

於密之密，潘殖忘筌書（殖初守王弼之學，人密以密為中五，其義出管子牧民篇發善必審於密執

成必明其中房注對密中二字亦未釋，五以室成室成以民空，盧文弨校正臆改為五以成室室

成以生民，不可從，生成言數上言參兩相和為五數之成立以五為主一六與二七三八與四九此四

者乃生成之數，皆以五加之減之而已，如

一六一加五為六六減五為一。　太玄經玄圖一與六共宗。

二七二加五為七七減五為二。　太玄經玄圖二與七共朋。

三八三加五為八八減五為三。　太玄經玄圖三與八成友。

四九四加五為九九減五為四。　太玄經玄圖四與九同道。

五十五加五為十十減五為五。　太玄經玄圖五與五相守。

上言一二三四五及六七八九十是言次第並非生成之數。即天數當分為二。地

天一天三天五天七天九為生數即奇數奇數以〇明之。

地二地四地六地八地十為成數即耦數耦數以□明之。

楊雄太玄經不言十而繫辭云。

天數五地數五。五位相得而各有合天數二十有五地數三十。

楊雄五與五相守句與繫辭義不同。天數五者天一天三天五天七天九五數相加為二

十有五是也地數五者地二地四地六地八地十。五數相加為三十是也若以五與五相守以

證地數不能得三十。亦二十有五爾揚說似據大衍之數而言不知漢書律歷志以五乘十。

大衍之數也以九宮中五中十相乘之數並未涉及八宮之數。

四、數字解詁

一至十之數茲據甲骨文金文以及說文諸書詁其字義如下。

一說文惟初太極。大徐本太極作太始疑非 道立於一造分天地化成萬物。 按河圖以一為太極洛

書以一代坎丁山數名古誼二乘一則為三二乘一仍為二乘作加字解。

二說文地之數也。古文丄式。　按，說苑辨物篇。二者陰陽之數也。其說不足從。凡物陰陽異類。

祇能分二不能，兼二劉說講洛書以二代坤。

三說文天地人之道皆丄文弎。　按說文以三才立說。屬儒家言老子一生二。二生三。三生萬

物。莊子齊物論二與一為三。似道家言為勝三陰數從書以三代震。

四說文陰數也象四分之形。亖古文四。如此二字。三竹謂文四。　按，甲文金文皆作三三。契前編孫詒

讓契文舉例說文四字古文亖謂文作三考甲文金文皆作三三。要以積畫為近古未必

皆出史籀後遂疑三當為古文本字亖為籀文許書傳寫多誤容互易耳孫說是也以一二

三三證之當以積畫為正洛書以四代巽。

五說文五行也。从二陰陽在天地之間交午也。乂古文五。小徐本下有如此兩字。　按甲文作〇乂。見殷虛書

編。穀梁傳十六年隕石于宋五注引劉向曰五陽數也漢書五行志下之下亦引穀梁傳

繫以董仲舒劉向說同上丁山數名古誼以五互古義通丁說是繫辭參五以變。作五或

段復昌周易補注從班固改五為互。亦一旁證丁氏又引子華子曰五居中宮數之所由生。

一縱一橫數之所由成以為五之舊義亦是子華子雖有人以為偽書然言生成言醫理。

疑皆引證古義莊子讓王篇呂氏春秋貴生先已譌徒明理知度篇為六筟篇巳引子華子

說。第書久佚宋人綴拾而成。余昔作子華子理惑。文載習齋四十九期已詳論之至五居中宮不以卦

名之以戌代之。說文戌中宮也象六甲五龍相拘絞也徐錯曰五土無定居主在中往來不相

越故曰拘絞祖緐按六甲五龍指六十甲子六甲五龍謂六十甲子中甲子甲戌甲申甲午

甲辰甲寅是也辰王充物勢篇辰龍五龍謂六十甲子十二位中為戊辰。五位。甲戌

十二位中為庚辰。距甲戌七位。此甲辰已在甲辰午十一位中甲申十二位中為壬辰。距甲申九位。甲午十二位中為甲辰。距甲午十一位。甲辰之

位因居首故不言甲辰申十二位為兩辰。二位。故戊辰庚辰壬辰甲辰丙辰為五

龍至拘絞從朱治許學均未利解拘在周易隨上六拘係之拘約通約說文繼繩絞也儀

禮士冠禮注。絞之言拘也禮記曲禮下疏絞為拘釋名履拘也所以拘足也絞方言四繝絞

也注謂履中絞也說文繝絞也拘絞本義以履之交結會意言六十甲子十干十二支互相交

結也。

六說文易之數陰變于六正于八從入從八按从入从八治許學者咸以為疑朱駿聲說

文通訓定聲以制字之先後六先於八不當以八解六立說殊誤許云變于六指周易之

爻變正于八指爻之不變與制字之先後不涉說文正于八是也六字从入从八入說文

內也內入也兩字互訓猶言六雖變而仍內於八此管子五行篇地理以八制人道以六制

洪少陰之數六者兼三才之數三才之數指變而言洛書以六代乾在易乾為陽而洛

書以乾為陰而義互岐治易者尚未能辨明茲列表附於下。

天一坎.　易陽　洛書陽.

地二坤.　易陰　洛書陰.

天三震.　易陽　洛書陽.

地四巽.　易陰　洛書陰.

天九離.　易陰　洛書陽.　生成為九減五陰.

地八艮.　易陽　洛書陰.　生成為八減五陽.

天七兑.　易陰　洛書陽.　生成為七減五陰.

地六乾.　易陽　洛書陰.　生成為六減五陽.

以上天一地二天三地四.　易與洛書陰陽相同。

以上地六天七地八天九.　易與洛書陰陽不相同。在生成則合。是洛書之陰陽當以生

成之數推之漢書五行志云

五位皆以五而合而陰陽易位。故曰妃以五成。

其說是也。惟下文以地二地四為生數。並謂解洪範二曰火。以為二七為火。四曰金。以為四九

為金。致矛盾百出。故洛書言五行之數。如以七為春秋十二紀。禮記月令揚雄太玄經玄數鄭

玄繫辭天一地二章注皆不知洪範五行。所謂一二三四是言次第不是言數。

七。說文陽之正也。以一微陰從中衺出也。按陽之正在周易指不變言甲文七形似十。有少

十。解七者其說難通。余疑ト為乙字說文乙象春艸木冤曲而出陰气尚強其出乙也與

一同意。徐鍇繫辭傳曰此甲乙字下迂曲也。一音軋。祖繇按說文一部上下通也。黑此一直為甲字之一衺為乙字之乙。

同為出也乙未展也律曆志四奮軋而出。小徐此解殊勝。因乙在陰气尚強之時奮軋而出。

七則在孟秋之月陽气未衰。微陰從陽中衺出爾是七與乙在陰陽正相反。如左傳宣十五

年。故文反正為乏之意同呂氏春秋孟夏仲夏季夏三紀禮記月令皆曰其數七夏為盛陽之

時。以微陰之七為數。羲疏南齊書天文志引蔡邕月令章句云南方有火二土五故數

七。說更武斷。以數推之皆非也。洛書以七代兑說亦未諦七為不可分之數。說詳下十八章。

八。說文別也象分別相背之形。　按白虎通婚嫁七歲之陽也八歲之陰也又曰陽數七陰數

八。大戴禮本命篇八者維倒也。盧辨注云八為方維八卦之數也盧注方維謂四方四維。

又剛當作綱洛書以八代兑。

九．説文陽之變也象其屈曲究盡之形。　按楚爵宋玉九辯序云九者陽之數。道之綱紀也素

問三部九侯論靑於九。王砅注九南方也是九為南方可无疑也管子幼官於偏用九數注九

亦金之成數其説非南齊志天文志引蔡邕月令章句云西方有金四土五故數九説更武

斷。九為離位説卦傳云離南方之卦也與金□□□似西漢自伏生始誤解以九四之火二七

之金互易。劉向父子校讐先奉經傳諸子時私心妄改後人又未能訂正致鑄成大錯。

十．説文數之具也一為東西一為南北則四方具矣。　按甲文十為丨于山數名古誼

云。縱一為丨丨之成基于十進之通術丁説是也十字甲文未發見丨為符號如十一

作十二作仁之號甲文合書如五作十五。四方之數係算術圓容方。即洛書東震

西兑南離北坎。按四方據。即天三震天七兑天九離天一坎之數是奇數以圓概議之許

書以十解之據十亦居中宮言不在八卦之內以己代十父以己為陰土以別戊以陽土故己

許氏解曰中宮也象萬物辟藏許十小徐本形有之字也小徐繫傳云萬物與陰陽之气藏則歸土。

徐僅解藏字而不解辟字疑有脫文根據陰陽兩字似辟指乾藏指坤辟闢古通荀子議

兵篇楊倞注闢為辟同漢書注辟讀曰闢二見徐見諸儒不校舉。古時以乾坤代陰陽繫辭

云闢戶之謂乾。説卦傳云坤以藏之似辟藏與乾坤有關。

五與十同為土而用不同在生成一之用洛書无之。九宮加以己十以合天地之數。即奇編之數,莊子在宥篇云。

廣成子曰今夫百昌皆生於土而反於土。

百昌釋文司馬云猶百物也。藝文類聚九九御覽九一五引尚書考靈曜云。

通天文者明審地利者昌。明者天之時也。昌者地之才也。

釋昌較莊子釋文引司馬說為勝。因七生之者五反之者十反說文獲也。又返為反之孳乳廣雅釋詁二返歸也。又釋言歸返也。兩字互訓伏生尚書大傳堯典云名曰歸來。鄭玄注云歸來言反其本也。所謂反即以十減各數也。

五. 九宮之數

大戴禮盛德篇。二九四。七五三。六一八。盧辯注云記用九室為法龜文故取此數以明其制也。

盧說是也。其式即今山所謂洛書茲列圖如下。

坤2	兌7	乾6
離9	中5	坎1
巽4	震3	艮8

如圖是洛書有五而无十，揚雄作太玄經本此，而未諳十字之用，故太玄經僅以卦氣來湊合

九九八十一之數而已，反其本者為十之致用與五不同，如上圖乃是九宮之本用十則與上圖之

數全反如下圖以十減之。

坤8	兌3	乾4
離1	中5 中10	坎9
巽6	震7	艮2

十減離九為坎一 ｝
十減坎一為離九 ｝坎離易位

十減震三為兌七 ｝
十減兌七為震三 ｝震兌易位

十減坤二為艮八 ｝
十減艮八為坤二 ｝坤艮易位

十減乾六為巽四 ｝
十減巽四為乾六 ｝乾巽易位

十在算術中係進一位，素問三部九候論注云天地之至數，始於一終於九，漢書律曆志九者究

極中和為萬物元也，雖言黃鐘律長九寸，因十為九宮之原數，於九為九宮其數根與反數相

同。茲圖如下。

坤2　2×9 = 18

離9　9×9 = 81

巽4　4×9 = 36

兌7　7×9 = 63

震3　3×9 = 27

艮8　8×9 = 72

乾6　6×9 = 54

5×9 = 45

坎1　1×9 = 9

如圖九乘九宮之數。其根適得十減九宮之數。此漢書律曆志窮極中和之理如此。以中為太極。和為無極。其說謂中非五中而已。九宮之式取轉位。一二三四六七八九。皆可立極。故洪範以五入中為皇極。一二三四六七八九八中者為民極。其理在會於有極。歸於有極八字之中。子華

子言中和。亦擦轉位言也。漢書律曆志三統之說。實不可擦。惟其九爲究極中和。此說爲勝。漢

書劉向傳。王者必通三統。孟康注曰。三統天地人之始也。劉歆三統曆曰

三統者天施地化人事之紀也。十一月乾之初九陽氣伏於地下。始著於一萬物萌動鐘

鐘。於太陰故黃鐘爲天統律長九寸。九者所以究極中和爲萬物元也易曰立天之

古通。道曰陰與陽六月坤之初六。陰氣受任於太陽繼養化柔萬物生長楙之於未令鐘

剛强大故林鐘爲地統律長六寸六者所以含陽之施楙之於六合之內令剛柔有體也

立地之道曰柔與剛乾知大始坤作成物正月乾之九三宋祁改九三爲九二萬物楙通族出於

寅人奉而成之仁以養之義以行之令事物各得其理林木此爲仁其聲商也爲義故

太族作蕟爲人統律長八寸八卦宓戲氏之所以順天地通神明類萬物之情也立人之

道曰仁與義在天成象在地成形后以裁成天地之道輔相天地之宜以左右民此三律之謂

矣。是謂三統其於三正也黃鐘子爲天正林鐘未之衝丑爲地正太族寅爲人正三正始

是以地正適其始。其於律亦始於陽東北丑位易曰東北喪陰迴終有慶答應之道也。

十二律分六律六呂以乾坤二卦之六爻爲。十二月立說呂氏音律篇淮南子天文訓相同惟中

節音則異劉氏强以乾之用九爲天統坤之用六爲地統以洛書之艮其數八八八六十四八卦

之八為人統。致後世俗儒創天開於子地闢於丑人生於寅之謬說。班氏未能盡刪。沈約宋書

班氏所志未能通律呂本源。徒訓角為觸徵為徵。陽氣施種於黃鍾。如斯之屬空煩

其文而為辭費又推九六欲符劉歆三統之數假托非類以飾其說皆孟堅之妄矣。

齊召南宮本考證云此志附會三統諧多穿鑿然皆劉歆條奏本文而班氏述之非班氏

欲符劉歆三統之數也齊說先宋書曆上又云

至孝成之時劉向總六曆列是非作五紀論向子歆作三紀曆以說春秋屬辭比事。

雖盡精巧非其實也班固謂之密要故漢曆志述之

按劉氏三統曆假易飾辭予盾百出因據生成之理未悉本原所致錢塘律呂古誼以歆

篤守古制作其說不足信至三統術為漢時曆數之一家陳澧著有三統術詳說釐正劉

歆之誣非沈約所謂假稱帝王祇足以感時人者比也然其法已舊且不及今時之密天文家

識其源流可也。

生成皆五與十之作用惟五數用一加一減此可謂生成也十數用減此所謂反也數雖反而

生成亦反故十數在減數祇一至九因十係進位與九究極中和覺這又不可不辨近之治易

如曹榴榴書外編正十上中下三編。以正西教十字架強合十字之義。杭立午齊學易筆談十

字架說皆膚說也。

先秦諸子言生成者至夥。而讀者不諳五與十之關係，及方圓之分別。致對生成之說流入虛

无。漢書律歷志引劉歆三統歷及譜云。

故春為陽中萬物以生秋為陰中萬物以成。

劉說雖據四時春分秋分立說。實與生成之理違因生成由五十兩數而來。不拘於春生

秋成。後漢人解春秋者。如賈逵服虔之說左氏何休之說公羊並承歆說以陰中陽中為

義。皆非要旨劉熙釋名釋天以春生夏生長秋時成冬終成均於四時其說亦膚考說

文生進也。象艸木生出土上。徐鍇曰土者吐出萬物……故生從屮土成。說文从屮丁聲徐

鍇曰戊中宮成於中也。丁成也白虎通五行。丁者強也是生成即由而生而成故說文土

地之吐生萬物也。三象地之下。地之中一物出之形也。在數以五與十出之五數係生成十

係反數。然仍合一六合四九合三八合二七生成之數惟與五之生成相反因五之生成即

十之反數又與五之生成合十繫辭所謂五位相得而各有合即指此五位相得而各有合

二句。重在位與相得及各與有合也。惠棟易漢學引虞仲翔易云

〔上畧〕仲翔曰五位謂五行之位。祖緜按虞說謂五位言天數五即天一天三天五天七天九之五位也。五位地數五即地二地四地六地八地十之五位非五行也。甲乾

乙坤相得合木謂天地定位也兩艮丁兌相得合火山澤通氣也戊坎己離相得合土水火相逮也。按說見參同契下編實言洛書之經坎北離南中央戊己虞說迂庚震辛巽相得合金雷風相

相逮也。原注水火相通合土參同契所謂三物一家鄒頌戊己也祖緜按虞翻家世治孟氏易至翻以易薄也天壬地癸相得合水。

薄也天壬地癸。相得合水。原注虞注說卦水火不相射虞又注繁辭四生八卦云乾坤生春艮兌生十日一會故壬故不相射虞又注繁辭四生八卦云乾坤生春艮兌生夏震巽生秋坎離生冬皆是栽也祖緜按虞翻家世治孟氏易至翻以易青赤黑白各居一方言九宮之立成魏氏已明知月无光借日之光以為光惜未

能明白寫出致後人誤解而釋文引虞翻日月為易字宴不可謂之至也。乾。故五位相得而各有合。祖緜按虞翻此釋在不能分析位與相得各與有合之故並不能分易與九宮之別

言陰陽相薄而戰於

乙　丁　己　辛　癸
三木　二火　五土　四金　一水
甲　丙　戊　庚　壬

五位相得　祖緜按
此圖誤
兩各有合　不當引

右圖見宋奉參同契。當是仲翔所作。祖緜按此圖誤認後人襲漢書五行志諸書偽造。與前說合。伯陽徐景休遵于趾通說異在

注虞月令所謂孟春之月其日甲乙孟夏之月其日丙丁是也。祖緜按管子四時月令又云

盂春其數八孟夏其數七。祖緜按其數八又數七。蓋以土數乘水火金木而成即劉歆大衍之數也。

原注皇侃禮記義疏以為金木水火得土而成以水數一得土數五故六火數二得土數五為成數七木數三得土數五為成數八又金數四得土數五為成數九參同契謂土旺四季羅絡始終青赤黑白各居

一方、皆稟中宮戊己之功、皆是物也。祖緣按、後人謂讀二曰火、四曰

金、洪範二火、四金是言次第、不是言數。自呂氏春秋十二紀已講。朱二發作易圖及羲說據仲翔

甲乾乙坤、相得合木之注以為甲一乙二丙三丁四戊五己六庚七辛八壬九癸十乾納

甲壬配一九坤合乙癸配二十。殊不知納甲之法、甲與乙合生成之數一與六合兩說判

然。朱氏合而一之、漢學由是晦矣。

惠棟此說拘於虞翻納甲之說。注引皇侃禮疏在皇侃之前已有劉歆在漢書

說惠氏不引劉鄭之說而取皇侃然三說皆謂讀洪範二曰火四曰金所致五行志鄭玄在禮記月令疏兩

總之生成之說。在周易其用尚不廣。至九宮重在遊息之法全憑此流轉令述生成與五行

之關係。明生成之用。以正漢人火二金四之謬。

六、洪範釋義

洪範曰。

初一曰五行。一曰水。二曰火。三曰木。四曰金。五曰土。

兹先申洪範之義。洪範初一曰五行至威用六極六十五字漢書五行志。以為比自洛書之本文。

洪範所謂一二三四五是言次第、不是言數。自漢以來言易及言術數之學皆謂以二七

為火四九為金，實與生成之理糾謬難通。漢書五行志以此為武王問洛書於箕子，又曰箕子對禹得洛書之意也。今尚書僅言九疇，未及洛書是傳本之不同。九疇即洛書流轉之法，是洛書為本。

九疇為用爾史記宋徵子世家作九等，莊子天運篇作九洛。名異而實同。至董仲舒非車乃借洪範推陰陽數禍福矣。所謂生成天數圍圍為奇。生為奇數，即為天一天三天五天七天九相加為二十五即是繫辭所謂天數二十有五。地數方方為耦成為耦數，即為地二地四地六地八地十。相加為三十即是繫辭所謂地數三十。後之言生成者不能依扎說卦傳參天兩地而倚數之理以解生成致以生數為成數成數為生數其誤始於洪範偽孔傳一曰水二曰火三曰木四曰金五曰土云。

　　皆其生數。

孔安國亦不知一二三四五是言次第，不是言生成至五雖天數為生數成數之流轉，與繫辭所謂引而伸伸一之觸類而長之也清代治漢學遂據孔安國注致未能闡明在左傳昭九年。

　　鄭禪竃曰……火水妃也……妃以五成。

是生成之數由五而來則五非固定之生數奇證杜預注云。

妃合也五行各有妃合得五而成……

杜注與繫辭五位相得而各有合義同又左傳昭十七年掉慎曰

水火之牡也其以兩子若壬午作乎水火所以合也。

杜預注曰。

丙午火。壬子水。水火合而相薄。

杜注取兩午壬子相薄立說。此取干支。在說文亦有干支立說者。如成。解云五行土生於成盛

於成盛當為成寓者所謂。

七. 論生成與五行之關係

明生成與五行之關係。當先釋字詁錢大昕十駕齋養新錄云。

古人著書舉一可以反三。故文簡而義无不該。姑即許氏說文言之木東方之行金西方之行火

南方之行水北方之行則土為中央之行可知也。（祖縣按上言五行）蟲北方味也而酸苦辛甘皆不（祖縣按此言五色）

言音（祖縣按此言五味）霜水音也而宮商角徵皆不言音（言五音）青東方色也赤南方色也白西

方色也而黑不言此方（祖縣按此言五色）黃地之色也而玄不言天之色（祖縣按此釋坤

音鼓春分之音而不言二至（祖縣按此言八音）（八音）笙正月之音管十二月之音而不言餘月。

出洛書與五室有關（上六其血玄黃）鐘秋分之

祖縣按此言、龍鱗蟲之長。而毛羽介蟲之長亦言上言五禽按以皆舉一二以見例。非有遺漏

也五藏配五行。古文說與博士說各異。唯腎為水藏則同五經異義言之詳矣其撰

說文解字云心土藏、博士說以為火藏。而脾土藏肝木藏肺金藏則但用博士說不言古

文異同。祖縣按呂氏春秋十二紀。言四時之祭用五藏之上下之次也不言五藏蕭吉五行大義引文又異。亦舉一反三之例。

錢氏言簡而明引說文尚有遺漏。言十干。甲位東方。兩位南方戊中宮也已中宮也庚位西方壬

位北方。不言乙東丁南辛西癸北之四干。言五臭皆作羶羶羴之重文羊臭也。胜呂氏春秋十二紀月令皆作腥腥與膻

異。大膏臭也不言焦香朽正字為羴言五穀麥秋種稷以大暑種不言故麻黍言四時冬四時盡也。

不言春夏秋言四方。南草木至南方有枝任也。西鳥在巢上象形曰在西方而鳥棲。故因以為

東西也。不言東北皆舉一反三之例因皆與九宮有關故畧述之欲知其詳當參考白虎通惟其

書皆博士說當有取舍也至於五行原始之義已見上述尚書大傳。在書洪範鄭玄注云五者言

順天氣疏云五行即五材也實與尚書大傳同在釋名釋天五行者五氣也於其方各谷施行也。

由鄭玄說演繹而來五材見左傳襄二十七年天生五材民並用之廢一不可因古時物質殊少

特舉五取成數爾。兹列圖如下。

此詔語尚未言五行之由來。天官書云。

勅孟康釋此句皆謂,合即五位相
得而各有合之合不死,即生成。
名察度驗定清濁,起五部,祖縣按應,勅孟康
數。祖縣按,孟康曰:氣二十四氣,物。
為萬物也,分歷數之分為五行也。

南
離九火上
夏

中
五
土
十
土

北一水
土水一

如圖火在上。水在下即書洪範所謂
水曰潤下,火曰炎上是也。四方四時五行。
乃古時仰觀天象以定歲時有關載
在史記律書歷書天官書三篇令律
書亡佚,褚少孫所補亦可推其大暑後
人說五行實由四方四時而來是俯
察命之曰四□,仰觀命之曰四時皆由
北斗而來立說史記歷書漢劉徹詔
御史曰。

蓋聞昔者黃帝合而不死。祖縣按應

斗為帝車運於中央臨制四鄉，分陰陽建四時均五行，移節度定諸紀皆繫於斗。

天官書言斗之作用尚未詳備鶡冠子環流篇云。

斗柄東指，天下皆春斗柄南指天下皆夏斗柄西指天下皆秋斗柄北指天下皆冬。

斗柄運於上事立於下，斗柄指一方四塞俱或作成，此道之用法也。

鶡冠子此篇亦據生成立說惟對於生成與五行之關係尚未能詳斗者北斗七星也。一日

一移度斗柄之所指每日移一度一年三百六十五日又四分之一日等於北斗移動之數周

天一週以昏見之方向分配四時春所指為東夏所指為南秋所指為西冬所指為北古

人以四時酌方者即基於此更進而論之十二辰二十四時亦由此而來吾國言五行者皆云東

方木也於時為春南方火也於時為夏等語史記天官書所云已較劉徹詔語為詳其上文云。

用昏建者杓杓自華以西南夜半建者衡衡殷中州河濟之間平旦建者魁魁海岱以

東北也。

杓衡魁皆北斗七星之三昏建夜半旦建三者言對北斗之行度司馬遷言地域據中國所

屬地區而言天官書所說星座雖據赤道星象分為二十八宿以定四方之位惟對於氣候寒

溫則根據赤道今日南方火即指赤道以北而言或言五行即唐都言星此說非也。

天官書引書堯典北斗七星所謂在旋璣玉衡以齊七政也。七政即日月五星。王朔云，

察日月之行。以揆歲星順逆 祖縣按歲星即木星。曰東方木主春日甲乙。

察剛氣以處熒惑。祖縣按熒惑即火星。曰南方火主夏日丙丁。

曆斗之會以定填星之位。祖縣按填星即土星。曰中央土主季夏日戊己。

察日行以處位太白。曰西方秋……曰庚辛。

察日辰之會以治辰星之位。祖縣按辰星即水星。曰北方水。……曰壬癸。

天官書木火金土水五星以五行釋之上言南宮衡大微三光之廷司馬貞索隱引宋均曰三

堯曰月星也近人朱文鑫天官書恒星圖考云。

三光者日月五星也日之視行恒在黃道月與五星若皆循黃道而行其軌與黃道

斜交據近測月道入黃道南北五度八分四十秒水星七度零八秒金星三度二十

三分三十五秒火星一度五十一分二秒木星一度十八分四十秒土星二度三十

分太微垣南接黃道為日月五星必經之路故曰三光之廷。

朱氏解三光之廷是也至王朔以五星與五行有關索問金匱真言論其說相同歧伯曰東

方青色。……其應四時上為歲星……南方赤色。……其應四時上為熒惑星……中央黃色。

……其應四時，上為鎮星，……西方白色。……

……其應四時，上為太白星，太白即金星。……北方黑色。

……其應四時，上為辰星，其言氣與王朔同，漢書律曆志曰，五星之合五行，水合於辰星火

合於熒惑，金合於太白，木合於歲星，土合於填星。三辰五星而經緯也，三說相同。

八、論土之來歷證明參兩之義

五行出於生成，在於數，數即五之加減，反則為十之減五，行之土，土之來歷究竟從何而來。

乃出於土圭，周禮大司徒之職曰。

以天下土地之圖周知九州之地。

是在天五宮二十八宿之星辰巳據赤道南北。凡目能所見者皆列入之，至地則土圭為標準。

故又曰。

以土圭之灋測土深。鄭司農曰，測土深，謂東西南北之深也。祖餘按深有探意，說文探速取之也。正日景以求地中。日南則景短多暑，日北則景長多寒，日東則景夕多風，日西則景朝多陰，日至之景，尺有五寸謂之地中。

置土圭之處周以前失考，至周姬旦築測景臺於陽城。鄭司農注此，今潁川陽城地為然。是

漢承周制也，又司馬政官土方氏云。

掌土圭之法以致日景。

以兩說證之乃五行之土以測景臺為基點南暑北寒由測景臺基點而定不以赤道故氣之

寒暑以其基點而定五行與四時四方其不同之點四時四方不兼中央而五行則兼中央中

央周官謂之地中又重言以申明之曰。

地中天地之所合也四時之所交也風雨之所會也陰陽之所和也然則百物阜安乃建王國

焉制其畿內千里而卦樹之。

蓋當時立測景臺取其地物產豐饒四方各千里為四通八達之區以建國都四時本指天時。

四方本指地理故不利國都而用人事而土則切於人事人事者何萬事是也因生萬物成

萬物皆土之功用故說文土地之吐生萬物者也許氏此解分別地與土之別地之瘠磽對人

類之生存未能發展有土方能種植禮記大學求有土此有財因地載萬物特特文財即萬

物上古之世由土圭而於生四方四時又由四方四時產生五行在石器時代之後而生青

銅時代之際遂以五種簡單之物質有益百姓日用所需。見繫辭定名五行至後世治天官

者藥乳為五星治邁疾者推衍為五藏五氣五味儒家又益以五常名目遂多至伏生董

仲舒睚弘貢侯勝京房劉向父子谷永李尋之徒又以五行數禍福說更支蔓矣。

五行出於。生成。在於數。數即五之加減。反之為十之減。以生成解五行。是以數立說。周髀算經云。

數之法出於圓方。圓出於方。方出於矩。矩出於九九八十一。

易以八立率為八八六十四卦。九宮以九立率為九九八十一卦。較周易多十六卦。內有五五者。非卦名。在揚雄太玄經玄圖五與五相守。是洪範之皇極。與繫辭地十之說。不能相合相得。是揚雄拘於一隅。尚未能貫徹全體。九九八十一之數。乃方圓。方為耦。圓為奇。奇為參天。耦為兩地。參與兩實係數根。周髀算經云。

方為圓者。謂之圓方。圓中為方者。謂之方圓也。

又列二圖如下。

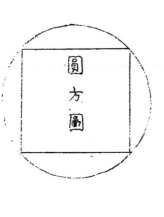

圓方圖

方圓圖

茲先言生。求生以圓圖為法即說卦傳謂之參天。今列圖如下，

$$3×1594323 = 4782969$$
$$3×19683 = 59049$$
$$3×243 = 729$$
$$3×3 = 9$$

$$3×531441 = 1594323$$
$$3×6561 = 19683$$
$$3×81 = 243$$
$$3. 參天數自震起$$

$$3×4782969 = 14348907$$
$$3×59049 = 177147$$
$$3×729 = 2187$$
$$3×9 = 27$$

南離 九火
中五土
二水 北
三木　兌七金西

$$3×27 = 81$$
$$3×2187 = 6561$$
$$3×177147 = 531441$$
$$3×14348907 = 43046721$$

上圖以參天立說參義見通間書武順解不以天一而用參天。說卦傳參天而倚數虞翻注參三

也。故以震三為倚數其實天一倚數亦同將三而參之為九即為離九將九而參之為二十七去二

十不用即為兊七。將二十七而參之為八十一。去八十一不用即為坎一。將八十一而參之為二百四

十三去二百四十不用即為震三。以此類推至无窮數其根為三九七一故史記律書云參言萬

物可參也義允凡奇數以順倚數。乾繫度云。

易一變而為七七變而為九。九者氣變之究也乃復變一一者形變之始。祖緯換列子天端篇始下有地字。

此用逆似與理悖似原文七變而為九下脫九變而為三句。乾鑿度上文言氣形質具四者茲僅

言氣形似奪莱者質變之莱也莱者具變之莱也二句。列子天瑞篇作九變者究也俞樾曰變

字衍文本作九者究也因涉上文一變而七而誤為九變詒贅矣。孫詒讓曰此章與易緯乾鑿

度文同九變者究也緯作九者氣變之究也與下一者形變之始也。文正相對此書當亦與彼同

孫說是也。列子奪氣之兩字淺人掫集遂改為九變者宜從孫說校正俞當孫氏對於

七字尚未掘質字研究及之至具字或以具包括氣形質三者而言但據禮記祭統官備則具備

具字可獨立爾雅釋地吳越之間有具區邢疏具區古文以震澤則興有震義以上言參天倚

數之大畧。

次言成求成以方圖為法即說卦傳謂之兩地注兩耦也係雙數鄭玄周禮司徒媒氏注出言兩者。

欲得其配合之名是兩係成數非生數可證而漢人解生成者謂地二生火於南地四生金於西不

獨方位顛倒而生成亦錯誤茲列圖如下。

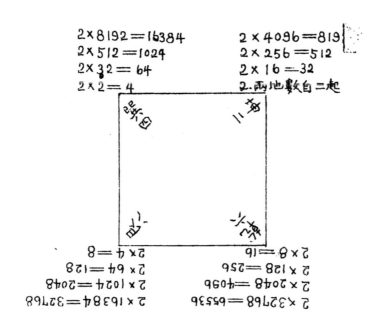

2×8192＝16384　　　2×4096＝819[?]
2×512＝1024　　　　2×256＝512
2×32＝64　　　　　 2×16＝32
2×2＝4　　　　　　 2. 兩地數自二起

2×4＝8　　　　　　 2×8＝16
2×64＝128　　　　　2×128＝256
2×1024＝2048　　　 2×2048＝4096
2×16384＝32768　　 2×32768＝65536

如上圖即兩地之數。地指偶數始於
二。二者偶數之母也。故以坤二為倚
數。說卦以兩地而倚數。注、兩地也。偶
耦義同。上參天倚數用順。兩地倚
數用逆。將二而兩之為四即為巽四。
將四而兩之為八即為艮八。將八而
兩之為十六即為乾六將
十六而兩之為三十二不用即
兩之為十六去十不用即為乾六將
為坤二以此類推至无窮數其根為
二四八六由奇耦二圖推之乃知生成
之理。不能相混。因其根各不相同也。

茲言生成前言生成由五數之加減茲後列圓方方圓二圖以明生成之例茲列圓方圖如下。

五數加減

坎一　乾六
乾六　坎一　水
震三　艮八
艮八　震三　木

坎乾震艮四卦為陽卦以生數起得一六與三八。

巽四　離九
離九　巽四　火
坤二　兌七
兌七　坤二　金

巽離坤兌四卦為陰卦以成數起得二七與四九。

生成之理當以周髀算經圓方方圓二圖解之即得其率。方圓圖例同圓方圖不贅。

凡奇數為生耦數為成奇為天數耦為地數以上圓方二圖數根證之可信。

九. 辨二七為火四九為金之譌

至於一六生成為水，三八生成為木，四九生成為火，二七生成為金，五十生成為土，後人謬解

者有三事，今正之如下。

一．誤讀洪範一曰水，二曰火，三曰木，四曰金，五曰土，遂以一二三四五為數，致誤二七為火，

四九為金，與參天兩地之例全違。

二．漢人說火七金九不獨數目不合，而方位亦顛倒，如地二生火，地四生金，地二地四係成

數，不是生數，與北堂書鈔引洪範五行傳，地者成萬物也義全悖。

三．火七金九先秦諸子如管子牧民篇，墨子迎敵篇，呂氏春秋十二紀及素問諸篇等皆

以火七金九立說，想係古時譌解洪範之說所致。

火七金九之說，在劉向以前者，有歐陽大小夏侯三家，習自伏生尚書作大傳，其說為最早，盧見

曾所刊尚書大傳，載盧文弨續補遺引御覽云。

天一生水，地二生火，天三生木，地四生金，前四疇乃王極　今本洪範之體，所以建，故配其

生數，地六成水，天七成火，地八成木，天九成金，後四疇乃王極　作皇極之用，所以行，故配其成數。

天五生土以王極，一二三四皆由五數而成六七八九，是水火木金皆賴平而成此王極

所以為八疇之要樞也。

此言生成為病在未能分奇耦之數漢以後解洪範者據此而解漢書律曆志引劉歆作三統

曆云。

天以一生水。地以二生火。天以三生木地以四生金天以五生土。

劉歆說生地二生火。地四生金亦龍於歐陽大小夏侯三家而謂又同書五行志釋在傳昭九年妃以

五成及水火之牡也云。

天以一生水地以二生火。天以三生木。地以四生金天以五生土。五位皆以五而合而陰陽易

位故曰妃以五成然則水之大數六火七木八金九土十故水以天一為火二牡木以天三為土

十牡土以天五為水六牡火以天七為金四牡金以天九為木八牡陽奇為牡陰耦為妃故曰水

火之牡也火妃也於易坎為水中男離為火中女蓋取諸此也

妃以五成及水火之牡也乃春秋時代治五行者之術語其理未詳述漢人謂讀洪範二曰火四

曰金二四是次第不是數以數解此致固結不解如水以天一為火二牡至火水妃也六十言未免

支離生成之牡妃係五之加減反之則用十。如水之一六離之二七則其數不符五十若以坎水之

一六離火之四九以陽奇陰耦互相牡妃。如下（六四）一九相加為十六四相加亦為十又以震木之

三八兌金之二七亦以陽奇陰耦互相牡妃。如下（八二）（三七）三七相加為十八二相加亦為十而數與方

位。方合於例。禮記月令疏。引鄭玄注易繫辭云。

天一生水於北。地二生火於南。天三生木於東。地四生金於西。天五生土於中。陽无耦。陰无配。

未得相成。地六成水於北。與天一并。天七成火於南。與地二并。地八成木於東。與天三并。天九

成金於西。與地四并。地十成土於中。與天五并也。

鄭氏此注亦謂讀洪範以二為火四為金。又謂以地二地四為生數。左傳疏昭九年又引鄭氏易繫

辭注云。

天地之數各有五。五行之次。一曰水。天數也。二曰火。地數也。三曰木。天數也。四曰金。地數也。五曰土。

天數也。此五者陰无匹陽无耦。故又合地六為天一匹也天七為地二耦也地八為天三。

九為地四耦也地十為天五匹。二五陰陽各有合然後氣相得施化行也。

鄭氏此注仍爲洪範二曰火四曰金以二四爲數二五陰陽公有合句有語病置地十而不顧中揚

雄太玄經玄圖五與五相守之毒匹即上文之配。又作妃鄭氏之學師出多門兩注各承師法言也。

與鄭氏同時高誘注呂氏春秋。

孟春紀。其數八注云。五行數五木第三。故曰八。

孟夏紀。其數七注云其數成功五火第二。故曰七。

李夏紀中央土……其數五，注云其數五五行之數土第五也。

孟秋紀其數九，注云其數九五行數五金第四故曰九。

孟冬紀其數六，注云其數六五行數五水第一故曰六也。

高誘注能知洪範言五行之次第，惜不能分析次第與數之別，誘注淮南子時則訓對其數葉皆不著一字，上海涵芬樓景印劉泖生所覆影寫北宋本弁首為高誘敘署名為大尉祭酒臣許慎記上注其數某金龍芝高誘呂氏春秋注惟孟夏紀其數七高云其數七景宋本作生數五兩說似皆誤成功二字費解。生數五係土數五之謂惟許慎說文解字言一二三四等數字義皆全違，似非許慎所作，可證後之俗子龍芝高誘之說，數龍芝成篇。

生成當從五之加減，以陽卦為一類即坎一乾六震三艮八陰卦亦為一類即離九與四兌七坤二至地十減各卦之數即得相反之數，如十減坎一即為離九，十減離九即為坎一皆取對宮不贊。

二七為火，四九為金，以數算之可證其誤，折中附論因泥於舊說，仍不能明辨其是非。

古人懷疑及此者首見於素問五常政大論，以三氣之紀立論，三者太過之氣不言數故不引其言曰。

黃帝問曰。……願問平氣。……岐伯對曰。……木曰敷和。火曰升明。土曰備化。金曰審平。水曰靜

順帝曰其不及奈何岐伯曰木曰委和火曰伏明土曰卑監金曰從革水曰涸流。……岐伯又

曰敷和之紀。……其數八升明之紀。……其數七備化之紀。……其數五審平之紀。……其數九靜

順之紀。……其數六

上以二七為火四九為金其數與金匱真言論同下言不及之氣紀云。

委和之紀是謂勝生。……青于三。……伏明之紀是謂勝長。……青于九。……卑監之紀是謂減

化。……其青四維。……從革之紀是謂折收。……青于七。……涸流之紀是謂反陽。……青于一

此言敷方與生成之說合蓋欲彌縫前說之非不敢公然破之至其青四維句亦有語病四維即

成敷青字書无王冰五運行大論注作災青字當為眚又禮記月令孔穎達疏云。

案尚書洪範云一曰水二曰火三曰木四曰金五曰土故其次如是

孔穎達等撰正義已知一二三四五是次第而下文又以二七為火四九為金等說作疏何耶又宗

司馬光作潛虛實本荀子天論心居中虛以治五官之說其後蔡沈作洪範數大畧倣潛虛而

作虛其言曰

虛之為陰陽者二範之為陰陽者六範之五行一六為水二七為金三八為木四九為火中

五為土虛之五行一六為水。二七為火。三八為木。四九為金。五十為土。一本九宮一本生成。

雖異而寶同也。

蔡氏已知後說之非別創游移兩可之說。更不知九宮之立成由于生成使是非不辯矣。

十、論遊息之法

鄭玄注云。

故太一取其數以行九宮四正月 祖縣按王珍寬校云月揆維皆合於十五。叙謙牧堂抄本作四是也

太一遊息之說見乾鑿度鄭玄注乾鑿度曰。

太一者。北辰之神名也居其所曰太一常行於八卦日辰之間曰天一或曰太一。出入所遊息於紫宮之內外其星因以為名故星經曰天一太一主氣之神行猶待也四正四維以八卦神所居故亦名之曰宮。……太一下行八卦之宮每四乃還於中央中央者北神 祖縣按神為辰之謂故因 為辰之謂故因

按後漢張衡傳注引无因字。謂之九宮天數大分以陽出以陰入陽起於子陰起於午是以太一下九宮從坎宮。坎中男始。亦言無適 祖縣按王校抄本无宮字適抄本作偏 適。也自此而從於坤宮。坤母此又自此而從震宮震長男此。又自此而從巽宮巽其長女也所行者半矣。 祖縣按後漢書張衡傳注作所以行半矣。王校抄本無者字還息

於中央之宮，既又自此而從乾宮乾父也，又祖緒按王校云抄本從　祖緒按又自此而從兌宮兌少女也，又自此從於艮宮。

於作而從下離宮同。艮少男也，又自此從於離宮，離中女也，行則周乎矣上遊息太一天一之

宮而反於紫宮。祖緒按張衡傳引作上遊息太一之星，而反紫宮，又按沈濤十經在中宮，行從坎宮始終於

離宮數自太一行之，坎為名耳，祖緒按蕭文集史記太初元年歲名辨肥改離宮非紫宮天官書在中宮，行從坎宮始終於
坎數一。從抄本補。　　　　　　　　　　　　　　　坎數一。

此言九宮之遊息據中五而定，而一二三四六七八九之數入中宮轉位之式可依鄭玄注次第惟

之每四乃還於中央句是每四據兩項四個卦位而言第一項從坎宮一至坤二又從坤二至震三又從

震三至巽四其次為一二三四乃還於中央第二項又自中央五至乾六從乾六至兌

七又從兌七至艮八又從艮八至離九其次為六七八九所謂行從兌宮始終於離宮是也。

至生成之數即在一二三四與六七八九聯繫之中有人說每四之四字以為坎一至坤二相隔

四位坤二至震三又相隔四位兌七至艮八相隔四位此說與鄭注全悖

至一二三四入中其生成在坎與中宮聯繫六七八九入中其生成在離與中宮聯繫此說在下

各圖不贅。

十一　太玄經探原

自春秋以來，對於九宮生成之數，多係謬說，以致九宮之大用如律、如曆、如度量等古時立率

之源，皆在若明若昧中。沈約之語劉向父子是曙光也。楊雄作太玄經劉歆桓譚稱之。後人以

為九宮。其實由卦氣而來，並非九宮。

卦氣始見於稽覽圖，漢時治曆者皆宗之。楊雄作太玄，以準于太初曆，

卦氣六十卦（每卦直六 日七分）　　太玄八十一家（每家直四 日有半）

1. 中孚　　中
2. 復　　周
3. 屯（内卦主冬至 外卦主小寒）　　少閑礥
4. 謙　　羨
5. 睽　　庚
6. 升　　上（太玄升增一家）
7. 臨　　辥　二
8. 小過（内卦主大寒 外卦主立春）　　童差
9. 蒙　　差
10. 益　　增

11. 漸　　銳
12. 泰　　達　交（太玄泰增一家）
13. 需（内卦主雨水 外卦主驚蟄）　　耎　傒
14. 隨　　從
15. 晉　　進
16. 解　　釋
17. 大壯　　格
18. 豫（内卦主春分 外卦主清明）　　夷　樂
19. 訟　　爭

20. 蠱 — 務 — 太玄蠱增一家

22. 夬 — 事 — 太玄夬增一家
21. 革 — 更

23. 旅　內卦主穀雨　外卦主立夏 — 斷　毅 — 太玄旅減一家

24. 師 — 眾
25. 比 — 密　親 — 太玄比增一家

26. 小畜 — 斂
27. 乾 — 彊　睟 — 太玄乾增一家

28. 大有　內卦主小滿　外卦主芒種 — 盛 — 太玄大有減一家
29. 家人 — 居

30. 井 — 法

31. 咸 — 應 — 太玄咸增一家

32. 姤　內卦主夏至　外卦主小暑 — 迎　遇

33. 鼎 — 竈　大 — 太玄鼎減一家

34. 豐 — 廓 — 太玄豐增一家
35. 渙 — 文

36. 履 — 禮
37. 遯 — 逃　唐 — 太玄遯增一家

38. 恒　內卦主大暑　外卦主立秋 — 常　度 — 太玄恒減一家
39. 節 — 永 — 太玄節增一家

40. 同人　　昆

41. 損　　減

42. 否　　啮　守　太玄否增一家

43. 巽　内卦主處暑　外卦主白露　翁　太玄巽減一家

44. 萃　　聚

45. 大畜　　聚

46. 賁　　飾

47. 觀　　疑

　　視　太玄觀增一家

48. 歸妹　内卦主秋分　外卦主寒露　沈

49. 无妄　　内　去

50. 明夷　　晦　昔　太玄明夷增一家

---

51. 困　　窮

52. 剝　　止　割

53. 艮　内卦主霜降　外卦主立冬　堅　止

54. 既濟　　關　成

55. 噬嗑　　失

56. 大過　　劇　太玄大過增一家

57. 坤　　馴

58. 未濟　内卦主小雪　外卦主大雪　將　太玄未濟減一家

59. 蹇　　難　勤

60. 頤　　養　太玄蹇增一家

太玄經本卦氣七十二侯，強以一家四日有半，湊合一年三百六十四日有奇之數。

之排列由於貞辰之進退，是有緒可尋，而太玄湊合卦氣，變七十二侯為八十一家，以二

十八宿纏宿立說。不知歲差之理，殊失其本。无怪羅孔齋範疇圖數裁成議之。（在方圓解云　羅周書箕子解惜文全佚不知與洪範有關否若劉）

箕子因洛書而演﹝疇當世述﹞之僅載尚書一篇，後无傳焉。（祖縣按即劉向洪範五行傳。）

氏之演義。

入于推測揚氏之太玄出於杜撰（下畧）

羅氏議太玄出於杜撰，不是的論。因太玄八十一家之次第，實勤龍衰卦氣，但未譜卦氣之原則，任意

湊合，是其所短，又改易卦名。後世如衡元高元包闡朗洞極，司馬光潛虛，蔡沈洪範皇極解，皆立新名為卦

使閱者糢糊不定，始作俑者自揚氏始。

揚氏因卦氣湊合八十一家，龍衰乾鑿度九宮之說，又不敢提出九宮之名，在玄圖云更名九營，而下文

又云九虛設闓，君子小人所以為宮也。在玄宮下欲上欲（欲尒足欲合也說文欲會也原出入九虛。注敵也歟字書无誤欲猶合也）

小索大索周行九度等語，均指九宮而言。惜未能貫通，故立論多違，至杜此成亦以二七為火四

九為金之誤。

卦氣為治曆明時之用，其說本於祇覽圖，漢人六日七分之學。若後漢之劉洪乾象術。（見後漢書補志律曆志）

魏楊偉景初術。見魏志明後魏張祥龍正光術李業興和術律曆志。至唐一行大衍術始改舊法。（魏紀）

新唐書曆志引一行六卦議曰。

十二月卦出於孟氏章句,其說易本於氣,即卦氣,卦而後以人事明之京氏又以卦爻配期坎離

震兌,祖縣按說。其用事自分至之首。祖縣按分指春分秋,皆得八十分之七十三。頤晉井大畜,祖縣按

文期會也。其用事自分至之首。分至指冬至夏至,皆得八十分之七十三。頤晉井大畜,惠棟易

漢學注云,四卦皆在分至之首,皆五日十四分,餘皆六日七分。自乾曆以降,皆因京氏。惟天保曆,祖縣按齊天

皆在分至之首,皆五日十四分,餘皆六日七分。自乾曆以降皆因京氏。惟天保曆保時所作曆,

依易通統軌圖。祖縣按緯名書,後漢書律曆志太平。自八十有二,祖縣按二字誤,

御覽十四作易統軌圖,緯書名不一。自八十有一,當作八十有一。節五卦初爻相

次用事。及上爻與中氣皆終,非京氏本旨。

推卦用事當以一行之大衍術為主,其說詳見新唐書律曆志,卦氣之難,難於四十八卦排列之

次第,能以貞辰之排列,即一目了然。至稽覽圖特標出公侯大夫卿封建諸名稱以立五日一候。

不足從也。貞辰之說,見黃總之卦氣與九宮異,一行大衍術宋時因之,元時改授時曆,分卦直日。

及七十二候諸術早已廢置,惟治易者對於自漢至唐曆數之淵源不能不畧識大畧爾。若

揚雄之太玄八十一家,淳合九宮殊失其本。而衡元山高關朗司馬光三家之說更失之。野此皆易

外之易。得其一指而遺全體。

十二.蔡沈範數圖訂正

蔡沈對於洪範能自探索。惜迷於古訓踵揚氏諸家之繆。又改卦名，如二二曰原為冬至。二二

曰沖為立春。洛書，艮數八，蔡以二。即二八易位故曰沖。三三曰從為春分。四四曰公為立夏。毛五立極曰中為立夏。六六

自閏為其秋，其七回分為秋分。八八曰戌為立冬。九九曰終為冬至。一一與九九為數之終與一

一比連是為冬至。蔡氏據易天一地二章更易卦名列衣洛書為二。又裂易之卦名為二所易八十

一名又不若揚雄太玄況籍。承序卦之可據。又於地十之數置而不顧。惟蔡沈對於洪範承其父

元定。殊深研究撰範數圖。真德秀惟重之至。以為範數與三聖之易同功。見性理真說未免圖大全書。

說茲畧論蔡氏之說如下。

一．蔡氏主二七為金四九為火定其生成之數而變為九宮之數因而為九九八十一名以原沖從

公中用分戌終九名以叶二至二分四立又以餘七十二名以應七十二候。每名直四日有奇仍

龍卦氣太玄又不敢廢置二七為火四九為金之曲說兩存其說別創範之五行虛之五行此

蔡氏之所短。

二．蔡氏以數代卦如坎一離九震三兌七。以上奇數坤二艮八與四乾六。以上楄數少簡單之數字代之使人記憶。

三八卦自乘為六十四九宮自乘為八十一多十七者一為五五皇極為範數之立極二為一立

極之一五。五寧一為坎。二立極之二五。五寧二為坤、三立極之三五。

之六五。五寧六為乾、七立極之四五。五寧七為兌、八立極之八五、八八民、

之八卦與六十四卦相加得七十二又增一立極五九。一、五寧

五七五寧歸妹、七立極五三七。五寧隨、

八。剝。四立極五六四。五寧。小畜六立極五四六。

蔡氏適相反。

四·九宮以洛書為本當以洛書為內卦遊息九宮之數加於洛書之上乃是外卦蔡氏適相反不可從

五·蔡氏不舉地十不知地之十十乃八十一名之減數將範數圖一一減之即得相反之數說卦傳所

謂逆數也太玄亦昧地十之例。

六·蔡氏洪範吉凶排法分為二圖一八數相對圖以坎一為吉坤二為咎震三為祥巽四為咎中五

為平乾六為悔、七兌為災民八為休九離為凶。又立縣辭辭多不倫災為易之左道二八數周

流圖加中五作九數惟一數與九數尚有序可循如一數順行為一二三四五六七八九九數逆行。

九八七六五四三二一數至八數或隔四推排或取對宮皆失其次序繫辭言吉凶悔吝蔡氏

凶休災悔平吝祥咎吉二數以陰四陽平吝祥咎吉、休太玄災福、祥福、同。平中太玄五者以九宮為占

增咎災祥休平五者是改揚雄太玄玄數咎同。太玄災福。祥福。休太玄。平中。五者以九宮為占

笠所見殊小。不知漢書律曆志。以五乘十為大衍之數。又五行志云。八卦九章。相為表裏至兒論衡正說篇云。禹之時得洛書。實從洛水中出。洪範九章也可證洪範之九疇即九宮。與易皆用算數推演而來。由此推演為律為曆為度量後人又增益政令。如時則月令等是。官制等類不知九宮算數。令人對於先秦諸子祇能整理訓詁而其理仍格格不入。史記歷書周室微⋯⋯時人子弟分散故春秋戰國時代諸子之說。對於算術各不相謀秦漢以下。往往得其一支以概全體。如太玄經之類。蔡氏持論亦然。

茲訂正蔡氏之說。使有理可循。先列八十一名。以合易卦名。

名	卦	名	卦	名	卦
一一原	坎	一七閑	節	二四祈	升
一二潛	比	一八須	蹇	二五常	坤〔坤五寄〕
一三守	屯	一九屬	既濟	二六柔	泰
一四信	井	二一成	師	二七易	臨
一五直	坎〔坎五寄〕	二二沖	坤	二八親	謙
一六蒙	需	二三振	復	二九華	明夷

以下為右起直行、由上而下之條目（每直行三組）：

	第一組	第二組	第三組
一	一三一見　解	四六章　小畜	六二戾　否
二	二二獲　豫	四七盈　中孚	六三虛　无妄
三	三三從　震	四八錫　漸	六四昧　姤
四	三三四交　恒	四九靡　家人	六五損　乾乾五
五	三三五育　震震寅	五一庶　未濟離五九	六六用　乾
六	三六大壯一作　大壯	五二決　剝艮八	六七卻　履
七	益七與與一作　歸妹	五三豫　隨巽七	六八翁　遯
八	八述八欣　小過	五四升　姤乾六	六九達遠一作　同人
九	五五九舒　豐	五五中　洪範皇極	七一退　困
十	四一比　渙	五六伏　小畜巽四	七二懼　萃
十一	四二開　觀	五七過　歸妹震三	七三除　隨
十二	酉三晉　益	五八疑　謙坤二	七四弱　大過
十三	四四公　巽	五九寅　際濟次一寅五	七五疾　兌兌五寅
十四	三四五益　巽巽寅	六一飾　詃	七六競　夬

七七 分　　兌

七八 訟

七九 收

　　　一…四 堅　　蠱

　　　…三 危　　頤

　　　…二 寶　　剝

參一 寶　　蒙

　一 寶

八五 革　　民 民守

八六 報　　大畜

八七 止　　損

八八 戍　　民

八九 結　　賁

　　　　　九二 遇　　晉

　　　　　九一 養　　未濟

九三 勝　　噬嗑

九四 囚　　鼎

九五 壬　　離 離寧 五

九六 圓　　大有

九七 移　　睽

九八 隨　　旅

九九 終　　離

右蔡氏洪範皇極內篇文載明胡廣等所撰性理大全書中。其以四九為火。二七為金。是
也。至改易卦名說多穿鑿而對於九宮遊息之式亦屬謟排自漢以來治洪範者班固漢書
五行志薈萃眾說。自伏生至劉向父子僅舉初一之五行。次二之羞作洪範羞用五事。間及次
徹庶次五之建用皇極三者益以日食星隕藉言災異語多不經而蔡氏主尚占以次七之明用
稽疑立說王柏書疑以為非解經之正軌胡一桂啟蒙翼傳謂變數之法不傳莫能適其用
也王胡之說亦欠切實至蔡氏之說。雖不免穿鑿附會。如妄易卦名。又以洪範為尚占之用。至
範數圖約能一一訂正之。存其精華。而明洪範之真諦。免學者謟解。明末黃宗羲象數論。

胡煦周易函書襲黃說，未能明其理。其後維孔裔範疇圖數裁成曹廷棟易準，對蔡氏之說，強欲闡明。咸昧天五地十，未得其奧。所列各圖錯雜不足取。茲下列洪範圖及一二三四六七八九立極谷圖。以數證之可按圖探索。中五立極合範數圖如下。

中五立極合範數圖

初一曰五行

次九四節自用五福威用六極

此係洪範之式。蔡氏作範數圖以九九立率。可與算數相輔而行。洪範樞機為皇極。初一至

次四次六至次九為民極皇極不動民極遊息故皇極類似不易民極類似變易。

黃道周洪範明義釋合字非正義如初一曰五行注天一為坎。次二曰敬用五事。注二者西南之

位也。按黃說指坤與巽合。所謂河圖之位。次三曰農用八政。注三者正東方之位也。次四曰協用五

洛書坤二。按黃說以洛書合。

紀注四者巽東南之位也。巽與乾合。次六曰乂用三德。注六西南乾位也。次七曰明

用稽疑。注正西兌位也。次八曰念用庶徵。注八東北艮位也。次九曰嚮用五福威用六極。

福在離六。注極疑作砸九為乾離。按未攭洛書合河圖立說黃說與蕭吉五行大義論二宮同然非九宮之蘊惟

言災異亦足取也。

句疑。按在九中立極圖五。

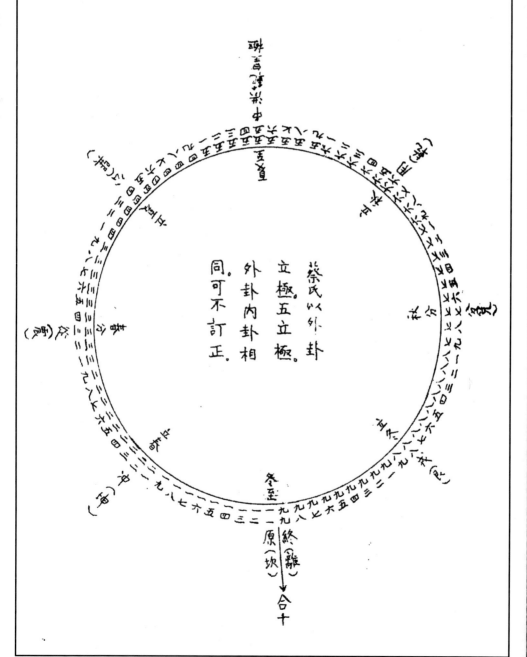

蔡氏中五立極圖

蔡氏以外卦
立極五立極。
外卦內卦相
同。可不訂正。

中五立極說明：

一·此圖內卦以洛書為本，又重複洛書之位，以三畫卦為六畫卦，如下圖。

巽 四四	離 九九	坤 二二
震 三三	中 五五	兌 七七
艮 八八	坎 一一	乾 六六

二·以地十之重數減之，五五仍為五五。九九為一一，離為坎，一一為九九，坎為離。三三為七七，震為兌，七七為三三，兌為震。四四為六六，巽為乾，六六為四四，乾為巽，八八為二二，坤為艮，二二為八八，艮為坤，皆為逆數。

三·此圖一一至二二，二二至三三皆相隔十一位，下類推。凡內卦在乾數圖相隔十一位，又逢九一即為相合，至坎離則異，如圖離坎巽連謂之連合，合即繫辭五位相得而各有合之合，又名合十。

訂正蔡氏一立極圖

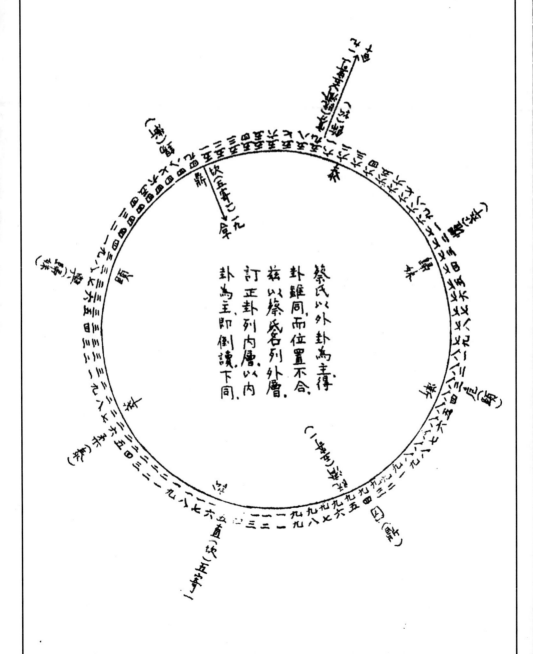

蔡氏以外卦為主得
卦雖同而位置不合,
茲以蔡氏各列外層,
訂正卦列內層,以內
卦為主即倒讀下同.

一、立極說明：

一、此係洛書為本，以一入中遊息九宮，如下圖。

鼎 九四	既濟 五九	萃 七二
頤 八三	坎 一五	歸妹 三七
漸 四八	訟 六一	泰 二六

二、凡內卦外卦遇五字。如一入中遇五為一，二入中遇五為二，三入中遇五為三，四入中遇五為四，六入中遇五為六，七入中遇五為七，八入中遇五為八，九入中遇五為九。

三、一入中亦相隔十一位，惟離之五九、坎之六一僅隔三位。因五九與六一毘連之故，下類推。

四、二入中與九入中互相聯繫，詳下一九入中圖。二與八、三與七、四與六亦相聯繫，下各列四圖，可探索合十之功用。

五、一入中九一合十。五六毘連，故既濟訟兩卦相對，亦即離坎相對相隔三位。

六、生成為九宮之大用，對於一入中如何排列，凡一二三四入中生成之數在中宮與坎宮交互，如一入中中宮一與坎宮六為一六是也。六七八九入中在中宮與離宮交互。

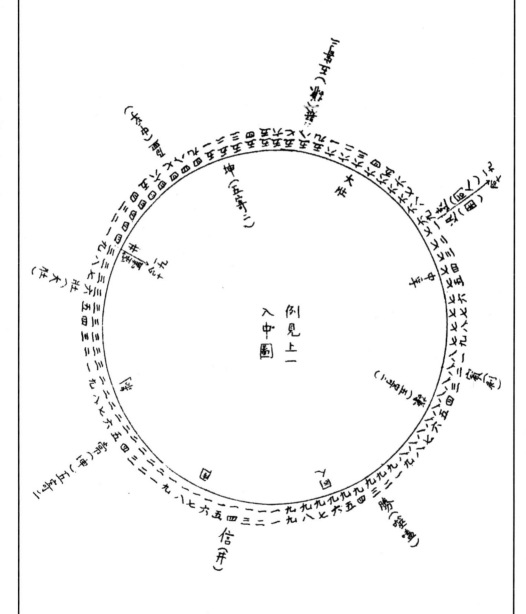

訂正蔡氏二立極圖

例見上二
入中圖

二、立概說明：

一、亦以洛書為本，以二入中，遊息九宮，如下圖。

剝　八　二	中孚　四　七	大壯　三　六
同人　六　九	坤　二　五	困　七　一
井　一　四	噬嗑　九　三	謙　五　八

二、二入中凡遇五字即為二。

三、二入中，與八入中互相聯繫，詳下二八入中圖。

四、二入中，亦以一九合十，六七毘連，故同人困兩卦相對，亦即離坎相對，相隔三位。

五、二入中，生成在中宮二與坎宮七為二七。

訂正蔡氏三立極圖

例見上
一入中
圖

三立極說明：

一. 亦以洛書為本。以三入中，遊息九宮如下圖。

晉	歸妹	小畜
九二	五七	四六
草	震	蒙
七九	三五	八一
升	屯	遯
二四	一三	六八

二. 三入中。凡遇五字即為三。

三. 三入中與八入中互相聯繫。詳下三七入中圖。

四. 三入中。亦以一九合十。八七毘連。故蒙草相對即離坎相對。亦相隔三位。

五. 三入中。生成在中宮三與坎宮八為三八。

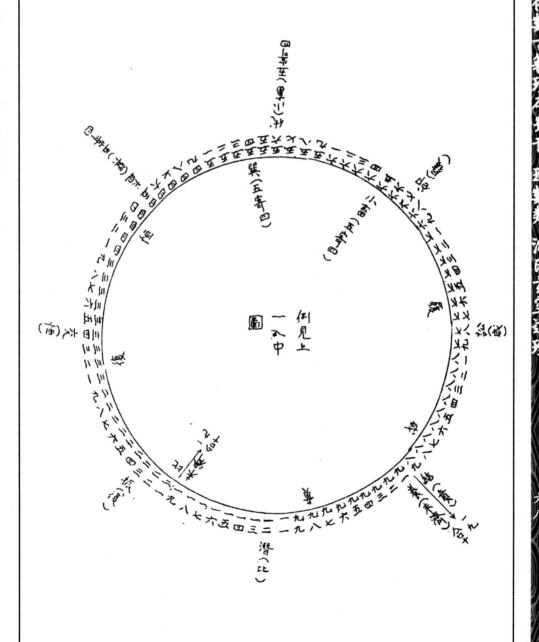

訂正蔡氏四立極圖

四立極說明：

一、亦以洛書為本以四入中遊息九宮如下圖。

比　一二	履　六七	小畜　五六
賁　八九	巽　四五	未濟　九一
恒　三四	復　二三	咸　七八

二、四入中凡遇五字即為四。

三、四入中與六入中互相聯繫，詳下四六入中圖。

四、四入中亦以一九合十八九毘連，故賁未濟相對，亦即離坎相對，相隔三位。

五、四入中生成在中宮四與坎宮九為四九。

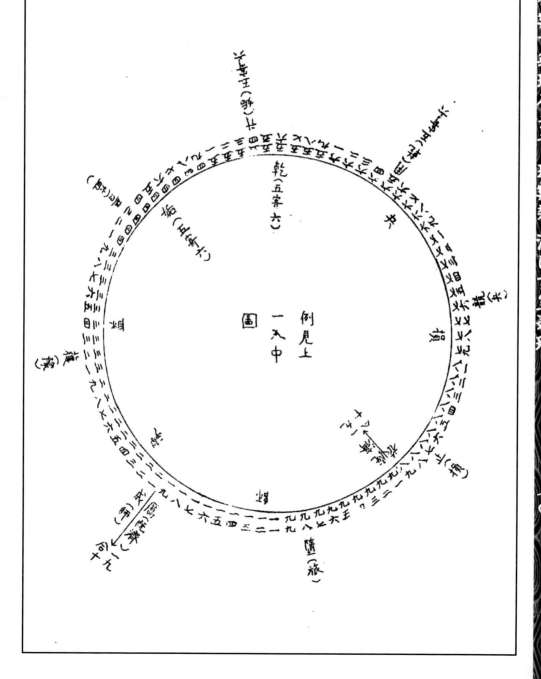

訂正蔡氏六立極圖

六立極說明：

一、亦以洛書為本，以六入中逆飛九宮，如下圖。

豫	損	夬
三二	八七	七六
既濟	乾	師
一九	六五	二一
姤	益	旅
五四	四三	九八

二、六入中，凡遇五字即為六。

三、六入中，與四入中互相聯繫，詳下四六入中圖。

四、六入中，亦以一九合十，一二毗連，故師既濟相對，亦即坎離相對，相隔三位。

五、六入中生成在中宮六與離宮一為一六。

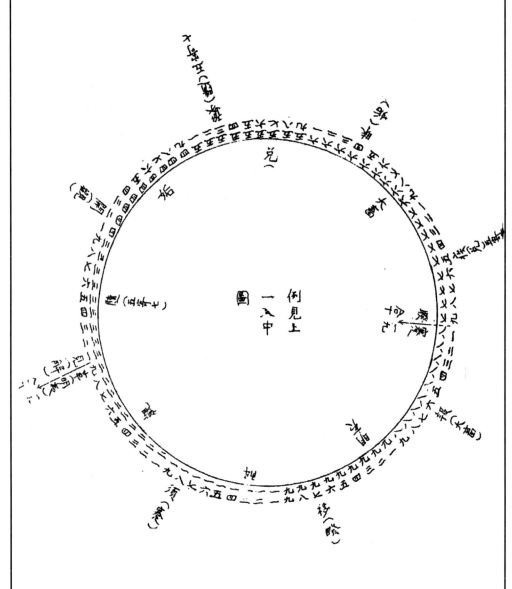

訂正蔡氏七立極圖

七立極說明：

一、亦以洛書為本以七入中遊息九宮如下圖。

姤　隨　蹇	明夷　兑　解	觀　　女、畜
六四	二九	四二
五三	七五	九七
一八	三一	八六

二、七入中凡遇五字即為七。

三、七入中與三入中互相聯繫詳下三七入中圖。

四、七入中亦以一九合十二三昆連故明夷解相對亦即坎離相對相隔三位。

五、七入中生成在中宮七與離宮二為二七。

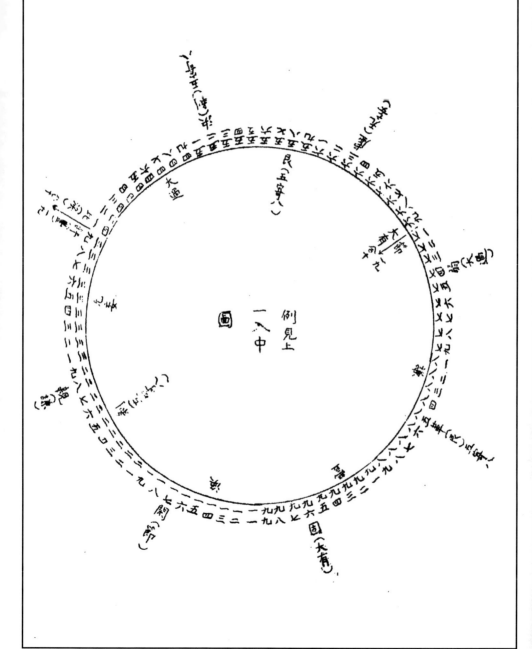

八立極說明：

一、亦以洛書為本，八入中遊息九宮，如下圖。

剝 五二	一七	大有 九六
豐 三九	艮 八五	渙 四一
大過 七四	无妄 六三	謙 二八

二、八入中凡遇五字即為八。

三、八入中與二入中互相聯繫，詳下二八八入中圖。

四、八入中亦以一九合十、三四罡運，故豐渙相對，亦即坎離相對，相隔三位。

五、八入中生成在中宮八與離宮三為三八。

訂正蔡氏九立極圖

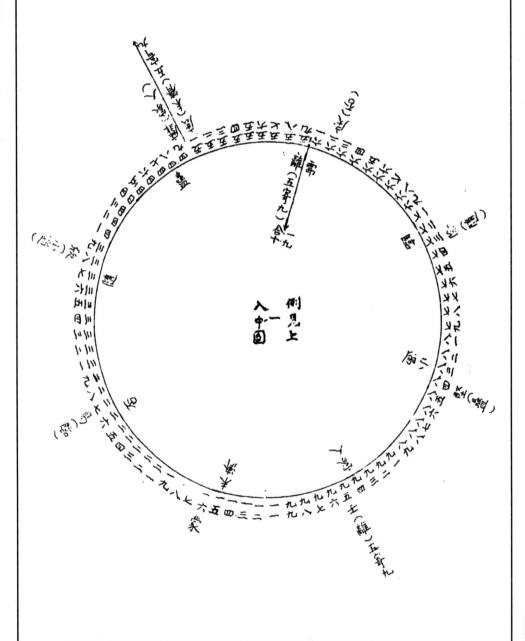

側見上
入中圖
一

九立極說明：

一、亦以洛書為本。九入中，遊息九宮。如下圖

否 臨 需	六二 二七 一六	家人 離 未濟	四九 九五 一	八四 七三 三八	盤 隨 小過
		四九	九五 五一		

二、九入中，凡遇五字即為九。

三、九入中，與一入中互相聯繫。詳下一九入中圖。

四、九入中，亦以一九合十，四五毘連。故家人未濟相對，亦即坎離相對，相隔三位。

五、九入中，生成在中宮九與離宮四為四九。五九入中，生成在中宮九與離宮四為四九，

上舉九圖乃檬蔡氏範數圖之理，雖陳墀朱熹弟子，力詆蔡氏，非持平論，兹補充蔡氏之說。著洪範解，力詆蔡氏之說。

一、八十一名與易有九，為比晉豫升益損革蒙訟，不知蔡氏何所取義學者當仍以易卦名為允。

二、蔡氏五五皇極為中定名頗當後人治洪範漢人皆附麗於易，解皇之不極孔傳云皇君也，極中建立也，將皇極分析為二更昧於理洪範皇王二字本一字，後人以王訪於箕子之王字亂之後漢五行志作王劉昭注云大傳皇作王是明證後人擾瀾雅釋詁皇君也釋之失之甚說文皇大也。從自自始也為正義令蔡氏以中字代之較勝因中能建極為立極且與易與太極不相混當以中字解之。

三、洪範立數究屬與範數圖相同否此是疑問。

如
一　一
二　二
三　三
四　四
五　五　　余以為當訂正為
六　六
七　七
八　八
九　九

何以故。因為周易以內卦為主，今蔡氏排列以外卦為主故。

章訂正蔡氏之說，上已一一推定茲列一入中一圖以供參考，一九八入中，二八八入中，三七入中四。

六入中亦然。不過在内卦與外卦差別，蔡氏為解失之毫釐差謬以千里矣，蔡氏範數

圖實前人所未發。惜未知萬事由象而生成拘於次七百明用籌疑。以為尚占之用餒，

其一指而失其肩背蔡氏說三世治經源出朱熹朱氏治周易尚占與蔡沈洪範尚

占同一趨向。王柏胡一桂同一學派不能會通胡一桂所謂變數。即上列一至四六至九

各圖因古人治學所謂心法皆秘不告人之故。而變數之中更有心法。即寄宮是。

訂正一入中圖

蔡氏範數圖。以外卦為主，今繪內卦為主，入中訂正圖以為參考之用。例

五一

五二

五三

五四

如五五以外卦為主讀之，為五五皇極。

五六

五七

五八

五九

五无定位當寄宮讀之。若五在一立極圖中乃寄於一，五在二立極圖中，乃寄於二三

四六七八九立極圖遇五者依類推。

整理蔡氏範數圖第一在蔡氏以外卦為主，與周易違。若循周易公式以內卦為主即上列

之圖改以外卦為內卦而已。

五一未濟（五寄九）

五二剝　（五寄八）

五三隨　（五寄七）

五四始　（五寄六）

五五皇極

五六小畜（五寄四）

五七歸妹（五寄三）

五八謙　（五寄二）

五九既濟（五寄一）

五一　一五（一立極五寄一為坎。）

五二　二五（二立極五寄二為坤。）

五三　三五（三立極五寄三為震。）

五四　四五（四立極五寄四為巽。）

如　五五　圖。訂正為　五五（皇極）

五六　六五（六立極五寄六為乾。）

五七　七五（七立極五寄七為兌。）

五八　八五（八立極五寄八為艮。）

五九　九五（九立極五寄九為離。）

訂正內卦為主排列範數益覺分明細參下列蔡氏八十一名圖及訂正圖一一對比可也。

訂正蔡氏一九入中合圖

內層係訂正
之圖須倒讀，
訂正所得卦
與蔡氏相反。

說明：
此用蔡氏
八十一名
一入中注
明一入九
中注明九
凡過五字
為重出之
卦。

一八中，如圖為一五 二六 三七 四八 五九 六一 七二 八三 九四九位。數皆毗連。

九入中，如圖為九五 一六 二七 三八 四九 五一 六二 七三 八四九位。數皆毗連。

凡圖坎一入中。遇五字寄一。離九入中。遇五字寄九。所得之卦。排列如下。

離		坎	
二七臨坤二世	四九家人巽二世	七二萃兌二世	九四鼎離二世
五一未濟離三世	六二否乾三世	五九既濟坎三世	二六泰坤三世
三八小過兌游魂	一六需坤游魂	八三頤巽游魂	六一訟離游魂
七三隨震歸魂	八四蠱巽歸魂	三七歸妹兌歸魂	四八漸艮歸魂

表內坎宮五九既濟。離宮五一未濟。因寄宮故此以下四圖。據蔡氏範數圖加以訂正。

圖合中入八二氏蔡

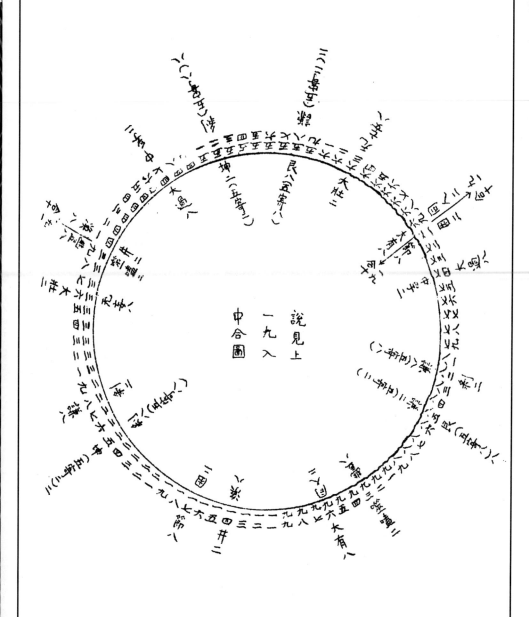

說見上
一九入
中合圖

二入中　如圖二五　三六　四七　五八　六九　七一　八二　九三　一四　九位。數皆毘連。

八入中　如圖八五　九六　一七　二八　三九　四一　五二　六三　七四　九位。數皆毘連。

凡圖坤二入中。遇五字寄二。艮八入中。遇五字寄八所得之卦。排列如下。

坤	艮
七一困兌一世	一七節坎一世
三六大壯坤四世	六三无妄六四世
五八謙兌五世 九三蹇巽五世 一四井震五世 八二剝乾五世	五二剝乾五世 三九豐坎五世 四一渙離五世 二八謙兌五世
四七中孚艮游魂	七四大過震游魂
六九同人離歸魂	九六大有乾歸魂

表內坤宮五八謙。艮宮五二剝困寄宮為重出之卦。

訂正蔡氏三七入中合圖

說見上

一九入
中合圖

三入中　如圖三五　四六　五七　六八　七九　八一　九二　一三　二四九　位。數皆毗連。

七入中　如圖七五　八六　九七　一八　二九　三一　四二　五三　六四九位　數皆毗連。

凡圖震三入中遇五寄三。兌七入中遇五字寄七。所得之卦排列如下。

震	兌
四六 小畜 巽一世	六四 姤 乾一世
六八 遯 乾二世　　一三 屯 坎二世	八六 大畜 艮二世　　三一 解 震二世
八一 蒙 離四世　　二四 升 震四世　　七九 革 坎四世	一八 蹇 兌四世　　四二 觀 乾四世　　九七 訟 艮四世
九二 晉 乾游魂	二九 明夷 坎游魂
五七 歸妹 兌歸魂	五三 隨 震歸魂

表內震宮五七歸妹。兌宮五三隨。因寄宮為重出之卦。

訂正蔡氏四六入中合圖

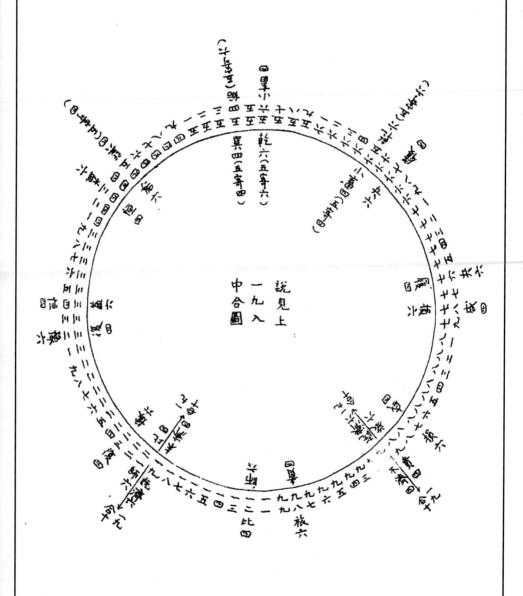

中合圖
一九入
說見上

四入中 如圖四五 五六 六七 七八 八九 九一 一二 二三 三四九位。數皆毘連。

六入中 如圖六五 七六 八七 九八 一九 二一 三二 四三 五四九位。數皆毘連，

凡圖巽四入中遇五字寄四。乾六入中遇五字寄六所得之卦。排列如下。

巽		乾	
二三復坤一世	九一未濟離三世	三二豫震一世	一九既濟坎三世
八九賁艮一世	七九咸兌三世	九八旅離一世	八七損艮三世
五六畜巽一世	三四恒震三世	五四姤乾一世	四三益巽三世
六七履艮五世	一二比坤歸魂	七六夬坤五世	二一師坎歸魂

表內巽宮五六小畜。乾宮五四姤因寄宮為重出之卦。

蔡氏八十一名圖

右蔡氏範數圖，外層不用蔡氏八十一名而仍用卦名內層一二三四五六七八九即上九個立極圖所屬之卦及四個一九與二八與三七與四九四個交互圖所屬之卦雖一一相符不能出於自然。

合十以——→為標記毘連即在合十之內合十屬內卦即係一九毘連屬外卦分一九一二。二三三四五六六七八八九計八類合十毘連為九數分界之用。

蔡氏此圖雜亂无章且所指立極圖之數均係逆數此由於外卦內卦顛倒之故兹訂正如后。

訂正範數圖

右訂正蔡氏範數圖，以內卦為本內層一二三四五六七八九字係指一至九立極圖

數與一二三四及六七八九立極圖合一入中立極為一五二八中立極為二五三入中立

極為三五四入中立極為四五至六七八九如上例當以兩卦為主與易同。

圖中一五至九五讀為內卦一二三四六七八九寄宮則一五為坎二五為坤三五為震四五

為巽六五為兌八五為艮九五為離自一五至九五合五五為皇極皆係九宮立極之卦如蔡氏

範數圖以五一為未濟五二為剝五三為隨五四為姤五六為小畜五七為歸妹五八為謙五九

為既濟以重出之八卦為之殊失洪範皇極民極之義此蔡氏誤以外卦為主之故也。

洪範皇極民極其義有九即上所列一立極至九立極九圖又謂之九變漢書劉徹紀云元

朔元年詔曰朕聞天地不變不成施化陰陽不變物不暢茂易曰通其變使民不倦詩云九變

復貫知言之變所謂九變即一立極至九而復貫之義惟範數圖方可明其例例如一立極圖。

一五坎至二六泰二六泰至三七歸妹三七歸妹至四八漸四八漸至五九既濟，五寄皆兩

卦相隔十一位去前後兩卦得九卦而五九既濟至六一訟僅三位求復貫之例則扞格難通因

一立極為坎一五然以南北中數之得三位乃无扞格之患六一訟至七二萃七二萃至八三

頤八三頤至九四鼎皆相隔十一位此一立極圖與範數圖之相貫通之例如此因不用十故也。

排二立極圖以證之。二立極圖二五坤至三六大壯，三六大壯至四七中孚子，四七中孚子至五八謙，五八謙至六九同人皆十一位。去前後兩卦得九卦。而六九同人至七一困僅三位。

若以範數圖求之方合七一困至八二剝，八二剝至九三噬嗑，九三噬嗑至一四井皆十一位。

而範數圖以九三噬嗑一四井隔宮合十昆連此亦後毋貫之例。

十三、九宮示例

洪範九疇與太卜所輯周易不合。惜逸周書箕子解已佚，廣韻十七登朋書云武王悅箕子之對賜十朋也。逸周書序以釋箕子因解之，似非鶡冠子恭鴻篇即申明洪範之旨莊子

天運篇云巫咸招曰求吾語女，天有六極，五常帝王順之則治逆之則凶，九洛之事治成

德備監照下土天下戴之謂之上皇。注九洛即洪範九疇禹時洛出之書莊子之說不如鶡冠子之純。

九宮即數不能雖數而言。如圖一五至九五中央五五為皇極一五至四五，六五至九五即為一立極

至四立極六立極至九立極八項入中之數順行。蔡氏範數圖皆迷行其次第為一二三四五六七八九至

九宮流轉在一合十為九九八十一名，皆以外卦逢一為每宮之分界。九項外卦之一其內卦之

昆連為六六七八九一二三四五、九個函數而所得流轉之卦，每一立極必得兩卦為九八七六五四

五七八九一二三四五九

三、
二、
一、茲將圖中每立極所得卦數如下。

一五—九五　為　一二三四五六七八九。

一六—九六　為　九一二三四五六七八，

一七—九七　為　八九一二三四五六七，

一八—九八　為　七八九一二三四五六。

一九—九九　為　六七八九一二三四五。

一一—九一　為　五六七八九一二三四。

一二—九二　為　四五六七八九一二三。

一三—九三　為　三四五六七八九一二。

一四—二四　為　二三四五六七八九一。

除五之中，得八十卦。而每宮遇五，如五六小畜五七歸妹五八謙五九既濟五一未濟五二剝。

五三隨五四姤皆居每宮之中至李宗一世卦由五五順行為六六乾七七兌八八艮九九離。

至九九離與二二坎昆連又為二二坤三三震四四巽，此九宮之例也。

九宮源於繫辭傳天一地二等語可證作繫辭的時代周易洪範已互引用乾鑿度曰易一陰一

陽合而為十五之謂道。又曰。大一取其數。以行九宮。四正四維皆合於十五。洪範言五行。周易

卦辭未提出五行。繫辭傳始有生成之理。鄭玄注又以生成雜五行。而又引西漢二七為火四

九為金之曲說。以後言易乃述九宮五行之理矣。茲篇先辯一至十數之字詁並明地十

為減數。又以天一天三天五天七天九為奇數屬圓。地二地四地六地八地十為耦數

屬方。並推演奇數數根為一三九七。耦數數根為二四六八。以證二七為火四九為金之為再

次一至九立極遊息之法。可按鄭玄注排演。又揚雄太玄經據卦氣立說。間有雜據九宮乃明

辯其非是。後列蔡沈範數圖。雖王柏胡一桂議之實涉及九宮。今一訂正而刪去八十

一名。仍以易卦名俾人易解。

今述九宮五行與易理有關者。如上。至於九宮五行探原。另文以明之。見拙著九宮撰畧(剳

十四期)。續九宮撰畧(上言月刊第五十三期五

海光華大學油印本)筆。

編號	書名	著者	說明
62	地理辨正補註　附 元空秘旨 天元五歌 玄空精髓 心法秘訣等數種合刊	【民國】胡仲言	貫通易理、巒頭、三元、三合、天星、中醫
63	地理辨正自解	【清】李思白	公開玄空家「分率尺、工部尺、量天尺」之秘
64	許氏地理辨正釋義	【民國】許錦灝	民國易學名家黃元炳力薦
65	地理辨正天玉經內傳要訣圖解	【清】程懷榮	秘訣一語道破，圖文并茂
66	謝氏地理書	【民國】謝復	玄空體用兼備、深入淺出
67	論山水元運易理斷驗、三元氣運說附紫白訣等五種合刊	【宋】吳景鸞等	失傳古本《玄空秘旨》《紫白訣》
68	星卦奧義圖訣	【清】施安仁	
69	三元地學秘傳	【清】何文源	
70	三元玄空挨星四十八局圖說	心一堂編	三元玄空門內秘笈　清
71	三元挨星秘訣仙傳	心一堂編	鈔孤本　清
72	三元地理正傳	心一堂編	過去均為必須守秘不能公開秘本，首次公開！
73	三元天心正運	心一堂編	與今天流行飛星法不同
74	元空紫白陽宅秘旨	心一堂編	
75	玄空挨星秘圖　附 堪輿指迷	心一堂編	
76	姚氏地理辨正圖說　附 地理九星并挨星真訣全圖 秘傳河圖精義等數種合刊	【清】姚文田等	
77	元空法鑑批點本　附 法鑑口授訣要、秘傳玄空三鑑奧義匯鈔 合刊	【清】曾懷玉等	門內秘鈔本首次公開
78	元空法鑑心法	【清】曾懷玉等	蓮池心法 玄空六法
79	曾懷玉增批蔣徒傳天玉經補註【新修訂版原（彩）色本】	【清】項木林、曾懷玉	
80	地理辨正揭隱（足本）附連城派秘鈔口訣	【民國】俞仁宇撰	
81	地理辨正揭隱（足本）附連城派秘鈔口訣	【民國】王邈達	揭開連城派風水之秘
82	趙連城傳地理秘訣附雪庵和尚字字金	【明】趙連城	
83	趙連城秘傳楊公地理真訣	【明】趙連城	
84	地理法門全書	仗溪子、芝罘子	巒頭風水，內容簡核、深入淺出
85	地理方外別傳	【清】熙齋上人	巒頭形勢、「鑑神」「望氣」
86	地理輯要	【清】余鵬	巒頭、三合天星，圖文并茂
87	地理秘珍	【清】錫九氏	集地理經典之精要
88	《羅經舉要》　附 《附三合天機秘訣》	【清】賈長吉	清鈔孤本羅經、三合訣法圖解
89–90	嚴陵張九儀增釋地理琢玉斧巒	【清】張九儀	清初三合風水名家張九儀經典清刻原本！